W0064618

Dieter J. Zittlau
Small Talk

Dieter J. Zittlau

Small Talk

Was kann ich sagen?

Wie vermeide ich peinliche Situationen?

Wie überzeuge ich im Gespräch?

Bibliografische Information der Deutschen Nationalbibliothek
Die Deutsche Nationalbibliothek verzeichnet diese Publikation in der Deutschen
Nationalbibliografie; detaillierte bibliografische Daten sind im Internet über
http://dnb.ddb.de abrufbar.

ISBN 978-3-86910-012-8

Dieses Buch gibt es auch als E-Book: ISBN 978-3-86910-935-0

Der Autor: Dr. Dieter J. Zittlau arbeitet seit über 25 Jahren als erfolgreicher Rhe-
torik- und Management-Trainer. Er ist Hochschuldozent für Psychologie mit dem
Schwerpunkt Kommunikation in Düsseldorf. Durch seine Erfahrung weiß er: Mit
den richtigen Übungen kann jeder einen gelungenen Small Talk führen.

Originalausgabe

© 2010 humboldt
Ein Imprint der Schlüterschen Verlagsgesellschaft mbH & Co. KG,
Hans-Böckler-Allee 7, 30173 Hannover
www.schluetersche.de
www.humboldt.de

Lektorat:	no:vum, Susanne Noll, Leinfelden-Echterdingen
Covergestaltung:	DSP Zeitgeist GmbH, Ettlingen
Innengestaltung:	akuSatz Andrea Kunkel, Stuttgart
Titelfoto:	Fotolia/unpict
Satz:	PER Medien+Marketing GmbH, Braunschweig
Druck:	Grafisches Centrum Cuno GmbH & Co. KG, Calbe

Hergestellt in Deutschland.
Gedruckt auf Papier aus nachhaltiger Forstwirtschaft.

Inhalt

Welche Themen eignen sich für einen Small Talk?

Was ist Small Talk?

So manche Talkshow im Fernsehen besteht fast ausschließlich aus Small Talk. Small Talk verdient also seine Bezeichnung nicht etwa dadurch, dass er wenig Zeit kostet, sondern vielmehr dadurch, dass er inhaltlich weitgehend aus dem Austausch von Belanglosigkeiten besteht.

Und dennoch muten wir uns diese besondere Form der Kommunikation nicht nur beim Fernsehen, sondern vor allem in der alltäglichen privaten und geschäftlichen Kommunikation zu, ganz zu schweigen von manchen Partys, die ausschließlich zu diesem Zweck stattfinden. Wissenschaftler definieren den Small Talk als „beiläufige Konversation ohne Tiefgang", weisen auf der anderen Seite aber auch darauf hin, dass sein Wert als Ritual in unserer Gesellschaft beträchtlich sein kann. Schon als sprichwörtlich zu nennen wäre hier das nicht gerade einfallsreiche „übers Wetter reden". Worin beruht denn dieser Zwang zum Small Talk und wie kann man sich ihm entziehen, wenn man es will? Und gibt es wirklich den intelligenten Small Talk oder ist dieser schon in sich so widersprüchlich wie ein schwarzer Schimmel?

Die Bedeutung von Bedeutung

Wenn wir kritisch anmerken, dass so mancher Small Talk inhaltlich eher in der Bedeutungslosigkeit verschwindet, dann sollten wir uns vielleicht erst einmal kurz Gedanken darüber machen, was Bedeutung oder auch Bedeutungslosigkeit überhaupt meint.

Was ist denn die Bedeutung eines Wortes oder irgendeines Zeichens? Wodurch wird sie bestimmt? Was ist die Bedeutung von Bedeutung? In unserer Zeit, einem Zeitalter der umfassenden Information, wird man die Antwort möglicherweise von der Informationstheorie erwarten – doch leider vergebens. Sie reicht zur Beantwortung dieser Frage nicht aus. So stellt der Sprachwissenschaftler Hörmann treffend fest: „... der Informationsgehalt einer Mitteilung darf nicht verwechselt werden mit der Bedeutung dieser Mitteilung".

Helfen dann vielleicht die Beschreibungen des Wortes *Bedeutung* in gängigen Lexika? Was findet man hier dazu? Sie definieren *Bedeutung* als „dasjenige, was ein sprachlicher Ausdruck oder ein anderes Zeichen zu verstehen gibt". Es geht also um das *Verstehen*, um das Nachvollziehen-Können des Gemeinten, mit anderen Worten um einen unverzichtbaren Teil jeder wirkungsvollen Kommunikation zwischen zwei und mehr Menschen.

Als Student hatte ich oft Gelegenheit und Veranlassung, an meinen alten und billigen Autos herumzubasteln. Bei komplizierteren Reparaturen ließ ich mir jedoch in der Regel von den befreundeten Eigentümern einer Autowerkstatt helfen. In besonders schwierigen Fällen legte der erfahrene Kraftfahrzeug-Monteur auch selbst Hand an, und ich hatte dann lediglich die Aufgabe, ihm das passende Werkzeug anzureichen. Doch wenn er mich bat, ihm ein bestimmtes Werkzeug zu geben, konnte ich sehr häufig nur ratlos meinen Blick über seine riesige Wand mit säuberlich geordneten Zangen, Schraubschlüsseln und anderen Dingen schweifen lassen, für die ich keine Namen hatte.

Ich kannte schlicht und ergreifend die Bezeichnung für die meisten Werkzeuge nicht und wusste somit auch nicht, welches ich ihm reichen sollte. Das, was er sagte, hatte für mich einfach keine Bedeutung, ich konnte dem Begriff keinen Gegenstand zuordnen.

Für Philosophen

Für den Philosophen G. Frege zum Beispiel besteht die Bedeutung eines Namens in dem mit ihm bezeichneten Gegenstand, sein Sinn aber in der Art und Weise seines Gebrauchs. So ist beispielsweise die Bedeutung von Abendstern und Morgenstern dieselbe, weil beide Ausdrücke denselben Gegenstand, nämlich den Planeten Venus, bezeichnen – ihr Sinn und damit die Art und Gelegenheit ihres Gebrauchs sind jedoch grundverschieden. Denn der Stern am Abend wird üblicherweise als Abendstern und nicht als Morgenstern bezeichnet, auch wenn sich hinter beiden Ausdrücken der gleiche Himmelskörper verbirgt.

Aber verlieren wir uns mit solchen Überlegungen nicht in ein Feld philosophischer Spekulationen, die auf die tägliche Praxis des Verstehens keinen Einfluss haben? Manche könnten das meinen. Aber tatsächlich spielen solche Verwirrungen bei zahllosen Missverständnissen im Alltag eine Rolle.

Wenn zum Beispiel Anhänger verschiedener politischer Gruppierungen über Grenzwerte verschiedener Schadstoffe streiten, so benutzen sie dabei oft den in seiner Bedeutung völlig unklaren Begriff *Schadstoff*. Nun sagte schon im 16. Jahrhundert der berühmte Arzt Paracelsus: „Die Menge macht das Gift." Wenn demnach ein bestimmter Stoff erst in einer bestimmten Menge giftig ist und gesundheitliche Schäden hervorruft, ist die Kennzeichnung dieses Stoffes als Schadstoff abhängig von der persönlichen Einstellung des Sprechers. Die Wahrscheinlichkeit, bei der Verwendung derartiger Begriffe aneinander vorbeizureden, ist also recht hoch, und die damit einhergehenden Verwirrungen und Streitigkeiten füllen täglich unsere Zeitungen. Und diese Streitigkeiten leben zusätzlich von der falschen Annahme, dass man den anderen verstanden hätte, oder im schlimmsten Fall von dem bewussten Versuch, ihn nicht zu verstehen.

In besonderen Situationen, etwa wenn wir mit ganz verschiedenen Sprachen in Berührung kommen, hilft auch das aufrichtigste Bemühen, den anderen zu verstehen, nicht mehr. Was das heißt, durfte ich eines Tages am eigenen Leibe erfahren: Ich ließ mich von Freunden in Tunesien dazu überreden, mit ihnen ins Kino zu gehen, und sah mich dort einem Spielfilm in indischer Sprache, aber mit arabischen Untertiteln gegenüber. Bedauerlicherweise verstehe ich weder ein Wort Indisch, noch kann ich Arabisch lesen. Und mich ohne Worte zu verständigen war im Kino ja auch nicht möglich.

Sie empfinden dieses Beispiel möglicherweise als zu exotisch, als zu weit hergeholt? Dann hören Sie als Laie doch einfach einmal ausgebildeten Juristen, Medizinern oder Soziologen unter sich zu und entscheiden dann, ob Ihnen nicht sogar arabische Untertitel lieber wären. Nicht umsonst gibt es das geflügelte Wort vom Fachchinesisch, mit dem – mitunter wohl auch vorsätzlich – bestimmte Menschen vom Gespräch ausgeschlossen werden sollen.

Was hat das Ganze nun mit Small Talk zu tun? Das wird am folgenden Beispiel schnell klar: Die besonders häufig benutzte Floskel „Mensch, ist das wieder ein Wetter heute" hat keinerlei Bedeutung. Denn in der Geschichte der Menschheit dürfte es noch keinen einzigen Tag ohne Wetter gegeben haben. Und auch der schon zumindest in eine Richtung weisende Spruch „Ich bin vielleicht fertig heute" ist dermaßen vieldeutig, dass er ohne Nachfrage beim besten Willen nichts aussagt. Was aber veranlasst uns zu solchen nichtssagenden Äußerungen?

Die Faszination des Nichtssagenden gegenüber dem Nichtssagen

Der Bürgermeister einer kleinen, aber recht wohlhabenden Stadt erzählte mir einmal, wie er auf einer Versammlung des örtlichen Schützenvereins (ohne den er die Wahl nicht gewonnen hätte) nach dem Stand der Planungen für den neuen Schützenplatz gefragt wurde. Obwohl er davon nicht die geringste Ahnung hatte, stand er auf und gab eine kurze Stellungnahme ab, die er selber so kommentierte: „Als ich mich danach hinsetzte, hatte ich irgendwie das Gefühl, mich gerade ordentlich blamiert zu haben."

Aber warum tut man sich so etwas an? Wir alle spielen in unserem Leben verschiedene Rollen: bei der Arbeit vielleicht die Rolle des Sachbearbeiters, in der Familie die Rolle der Mutter oder des Vaters, im Verein die Rolle des Schriftführers und noch viele andere mehr. Eines ist all diesen Rollen jedoch gemeinsam: Es sind Sprechrollen. Wir sind es nicht gewohnt zu schweigen oder haben schlicht nicht den Mut zuzugeben, dass wir etwas nicht wissen.

> „Hättest du geschwiegen, wärest du ein Philosoph geblieben."
> (Boethius)

So hätte dieser Bürgermeister zum Beispiel erklären können: „Ich habe jetzt drei Möglichkeiten: 1. Ich kann Ihnen etwas Falsches sagen. 2. Ich kann Ihnen etwas Nichtssagendes sagen. 3. Ich sage Ihnen wirklich nichts, weil ich zu meinem Bedauern nichts weiß."

So gesehen ist – gemessen an der im vorigen Abschnitt erklärten Bedeutung von Small Talk – selbst die längste Rede so manchen Politikers nur Small Talk. Und damit ist die so oft beklagte Politikverdrossenheit der Bürger möglicherweise nur eine Politikerverdrossenheit.

Doch sind wir selbst besser? Kennen Sie Sprüche wie: „Meine Güte, ist das kalt heute", „Das ist ja mal wieder voll hier" oder „Jetzt hat die Bahn schon wieder Verspätung!"? Und wer glaubt ernsthaft, er würde damit seinem Gesprächspartner etwas Neues erzählen? Aber manchmal bekommt man auf solche Äußerungen auch tatsächlich eine philosophische Reaktion, nämlich Schweigen.

Wozu braucht man Small Talk?

Sicherlich ist der Small Talk nicht der intellektuelle Höhepunkt menschlicher Kommunikation, aber möglicherweise erfüllt er eine Aufgabe, die ein ernsthaftes Gespräch mit wohlüberlegten Argumenten gar nicht erfüllen kann?

Small Talk pflegt Beziehungen

Unserer Kultur ist eine innere Versenkung und eine bisweilen stunden- oder tagelang während Meditation, wie sie in vielen fernöstlichen Gesellschaften und Religionen üblich ist, weitgehend fremd. Insbesondere das Schweigen beherrschen bei uns allenfalls noch Mönche im Kloster. Der Rest unserer Bevölkerung kommuniziert schon beinahe pausenlos – beispielsweise telefoniert er sogar auf der Straße ungehemmt und lauthals mit dem Handy. So störend Unbeteiligte den lautstarken Austausch belangloser Informationen oft empfinden mögen, so muss man doch zugeben, dass auf diese Weise Beziehungen gepflegt werden. Und genau das ist – ob mit oder ohne Handy – eine der Hauptaufgaben des Small Talks.

Telefonieren in der Straßenbahn

Wenn die Frau, die neben mir in der Straßenbahn sitzt, ihrem Anrufer voller Begeisterung mitteilt, dass sie gerade in der Linie 6 sitzt und in etwa einer Viertelstunde am Hautbahnhof ankommen wird, dann macht diese Information den anderen nicht unbedingt klüger, aber diese Art der Unterhaltung unterstellt immerhin, dass der andere ein gewisses Interesse an ihrem augenblicklichen Tun und damit auch an ihr hat.

Möglicherweise besteht also die vorrangige Funktion des Small Talks aber gar nicht darin, etwas Gehaltvolles oder Bedeutsames zu sagen, sondern entspricht eher dem, was wir bei unseren engsten genetischen Verwandten, den Affen, als Fellpflege beobachten. Diese Fellpflege erfüllt nur teilweise eine wirklich reinigende Aufgabe. Vielmehr dient sie vor allem der Pflege der gegenseitigen Beziehung. Sowohl derjenige, der den anderen an sein Fell lässt, als auch derjenige, der die pflegerische Tätigkeit ausführt, signalisiert damit so etwas wie eine geduldete Nähe. Die Fellpflege dient also tatsächlich eher der Pflege der sozialen Bindungen.

Der Mensch, der zusätzlich über das Mittel der gesprochenen Sprache verfügt, braucht nun zur Pflege dieser sozialen Bindungen dem anderen nicht mehr unbedingt den Kopf zu streicheln oder ihn gar zu „lausen". Er signalisiert stattdessen seine aggressionsfreie Kommunikationsbereitschaft durch kurze, halbwegs sinnvolle Bemerkungen, also eben durch Small Talk. Der Inhalt des Small Talks ist dabei fast so nebensächlich, wie die Tatsache, ob ein Affe bei dem anderen Tier wirklich einen Parasiten oder etwas Schmutz entfernt oder nicht. Entscheidend sind die Handlung und das damit vermittelte Signal: „Ich akzeptiere dich in meiner näheren Umgebung." Und tatsächlich wird ein Mensch, der sich beispielsweise in einer Gruppe, in einem Meeting oder gar bei einer Feier befindet und dabei die ganze Zeit schweigt, weniger als weise, sondern vielmehr als distanziert und abweisend empfunden. Er öffnet sich eben nicht so, wie jemand, der wenigstens etwas Bedeutungsloses von sich gibt.

In diesem Zusammenhang ist es also geradezu gefährlich, dem Small Talk einen allzu tiefen Ernst zu geben, wenn man seinen Gesprächspartner nicht gut kennt oder gar mit ihm befreundet ist. So wird etwa der Mensch, den Sie eben in der Endlosschlange im Supermarkt kennengelernt haben, auf die Bemerkung „Sie sehen heute aber erschöpft aus. Fehlt Ihnen was?" vermutlich eher mit einem aggressiven „Was geht Sie das an?" reagieren, während die Kassiererin im gleichen Supermarkt, bei der Sie seit Jahren schon hundertmal bezahlt haben, sich nach meiner Erfahrung sogar über so viel unerwartete Anteilnahme freut.

> **„Wer unter die Oberfläche dringt, tut es auf eigene Gefahr"**
> (Oscar Wilde)

Small Talk zeigt emotionale Intelligenz

In den späten achtziger Jahren versuchten die amerikanischen Psychologen Peter Salovey und John Mayer emotionale Fertigkeiten wie Einfühlungsvermögen, Selbstbewusstsein und die Kontrolle der Gefühle in den Begriff der emotionalen Intelligenz zusammenzufassen, den schließlich Daniel Goleman in Anlehnung an den klassischen Intelligenzquotienten (IQ) mit dem sogenannten Emotionalquotienten (EQ) messen wollte. Aber wenn schon die Messbarkeit der gewöhnlichen Intelligenz als IQ methodisch fragwürdig ist, dann ist es wohl erst recht die Messung des EQ. Doch da man mit dem Begriff der Intelligenz als „Fähigkeit, das Verhalten den Umständen anzupassen" (S. A. Barnett) sowohl bei Menschen als auch bei Tieren ganz gut arbeiten kann, schauen wir uns das Konzept der emotionalen Intelligenz einmal genauer an.

So scheint die Fähigkeit, mit den eigenen und den Gefühlen anderer umzugehen, bei verschiedenen Menschen sehr unterschiedlich ausgeprägt zu sein. Doch gerade diese Fähigkeit ist beim Small Talk gefragt. So muss man beim Small Talk in kürzester Zeit die emotionale Befindlichkeit des anderen erfassen. Kommt etwa auf die Frage „Na, wie geht es?" die zögerliche Äußerung „Es geht so", dann muss man geradezu spüren, ob der Gesprächspartner dieses Thema gerne vertiefen möchte oder ob man seine Äußerung eher als „Lass uns bitte über etwas anderes reden!" übersetzen muss. Ein rationales oder – schlimmer noch – verärgertes

Nachfassen in der Art „Das verstehe ich nicht. Wie geht es dir denn nun wirklich?" ist wie ein heftiger Schlag der Vernunft gegen eine möglicherweise verletzte Seele.

Um das vielleicht noch besser zu verstehen, können wir das Ganze einmal umdrehen und uns überlegen, was wir empfinden würden, wenn auf unsere Frage „Na wie geht es?" die Antwort käme: „Das interessiert dich doch sowieso nicht!" Selbst wenn wir jetzt unterstellen, dass der andere mit seiner Äußerung in der Sache Recht hat, hätten wir nach einer solchen Antwort die weise Gelassenheit, nicht beleidigt zu sein?

Goleman führt in diesem Zusammenhang gerne die asiatischen Traditionen der Achtsamkeit gegenüber der eigenen Gefühlswelt an: Wir schwimmen nicht nur wie ein Stück Treibholz im Strom der Gefühle, sondern beobachten zugleich, wie wir uns in diesem Strom bewegen. Dadurch schaffen wir die Voraussetzung, den einen oder anderen Zug in dieser Bewegung bewusst und aktiv zu verändern. Wer also in einer bestimmten Situation einfach nur zornig ist, wird sich kaum beherrschen können. Und selbst wenn ihm das gelingt, besteht der Zorn doch fort. Wer aber in der Lage ist, sich zu sagen „Ich empfinde jetzt Zorn, weil …", der ist bereits einen Schritt weiter und kann entscheiden, ob er seinen Zorn als berechtigt zulässt oder ihn zumindest infrage stellt.

> „Wir sind nie grundlos wütend, aber selten aus einem guten Grund."
> (Benjamin Franklin)

Das ist vor allem in Situationen angebracht, in denen wir sowohl die Beziehung zum Gesprächspartner als auch – damit verbunden – unsere eigene Reaktion kontrollieren möchten. Wenn uns jemand geärgert hat, so scheitert eine vernünftige Reaktion sehr häufig daran, dass uns vor lauter Wut einfach nichts Gescheites einfällt. Und wer aufgrund seiner emotionalen Intelligenz in der Lage ist, diesen Zustand blitzartig zu analysieren und zu hinterfragen, hat sich wahrscheinlich schneller wieder im Griff. Er ist – wie die Verfechter der emotionalen Intelligenz sagen – in der Lage „sich angemessen zu ärgern".

Einen weiteren Trumpf spielt die emotionale Intelligenz dort aus, wo es darum geht, die Gefühle seiner Zuhörer anzusprechen. Ein gutes Gespür für die emotionale Wirkung eines Small Talks ist oftmals mehr wert als das Erfassen der sachlichen Bedeutung derselben Aussage. Damit kann der Small Talk ein echter Erfolgsfaktor werden. Goleman wird auch nicht müde zu betonen, dass Menschen mit einer hohen Empathie, also mit einem hohen Einfühlungsvermögen, deutlich erfolgreicher sind als diejenigen, die bei ansonsten gleicher Intelligenz diese Einfühlsamkeit nicht besitzen. Lichtgestalten wie Martin Luther King oder Mahatma Ghandi sind gute Beispiele dafür. Sie haben trotz ihrer zweifellos vorhandenen intellektuellen Brillanz vor allem die Herzen ihrer Anhänger angesprochen und erreicht. Aber auch ein Adolf Hitler war bedauerlicherweise sehr erfolgreich, obwohl er in seinen Ansprachen ganz selten etwas halbwegs Vernünftiges von sich gegeben hat. Denn er und sein Partner Goebbels hatten einen geradezu diabolischen Zugriff auf die Gefühle der von ihnen angesprochenen Bevölkerung.

Verschiedene Arten von Small Talk

Small Talk, plaudern, Stammtischgespräche, Pausengespräche, Kaffeeklatsch oder chatten bezeichnen zwar nicht zu hundert Prozent das gleiche, aber alles ist recht eng miteinander verwandt. In all diesen Fällen handelt es sich um eine zeitlich eng begrenzte Kommunikation ohne allzu großen geistigen Tiefgang.

Insbesondere das Wort „plaudern" hat von seiner Abstammung her wenig positive Bedeutungen: Im Mittelhochdeutschen „pludern", im Schwedischen „pladder", im Dänischen „bladre" und im Lateinischen „blaterare", ist es in allen Fällen durchweg mit „(dumm) daherschwatzen" zu übersetzen.

Wie wir schon gesehen haben, kann man aber von fehlendem Tiefgang nicht auf fehlenden Sinn schließen. Wir begeben uns ja bewusst in diese Gesprächssituationen und genießen oder brauchen sie sogar. Beim Stammtischgespräch oder beim Kaffeeklatsch wird das besonders deutlich: Hier reden sich viele Menschen erfolgreich bestimmte Dinge von der Seele, ohne dabei allzu viel Verstand einzusetzen.

Schriftlicher Small Talk

Das Internet hat es geschafft, diese Kunst von der gesprochenen auf die geschriebene Sprache zu übertragen. Wenn man vorher zumindest beim Schreiben noch genau überlegt hat, was man da von sich gibt, so ist davon in Emails und den Chaträumen des Internets wenig zu spüren. Hier herrscht Kommunikation „wie man gerade lustig ist".

Eine gewisse sprachliche Verarmung in Emails ist dabei noch zu verschmerzen und geradezu zu erwarten. Genau genommen hat sie sogar Tradition. Denn der Urahn der Email war ja das Telegramm, und hier ging man schon wegen der Kosten recht sparsam mit Worten um. Heutzutage sind es aber weniger die pro Wort anfallenden Beträge als vielmehr die fehlende Zeit, die Emails manchmal sogar bei ausgesprochen wichtigen geschäftlichen Entscheidungen zumindest sprachlich in die Nähe eines Small Talks bringen.

In den Chaträumen hingegen geht das auf blanke Unbekümmertheit zurück. Mit Ausnahme von einigen wenigen tatsächlich Rat- und Hilfesuchenden nutzen „User" Chaträume bewusst für den Small Talk. Einige möchten hier zwar auch Bekanntschaften oder gar Freundschaften knüpfen, doch das unterscheidet dieses Medium nicht vom Small Talk ohne Internet und ohne Computer.

Eine ganz andere Form von schriftlichem Small Talk finden wir in der Klatschpresse oder im sogenannten Boulevard-Journalismus (Zeitschriften mit großen, reißerischen

Schlagzeilen und vergleichsweise wenig Text). Diese Zeitungen werden von ihren Lesern eher wegen ihres Unterhaltungswertes gekauft als wegen der wenigen echten Informationen. Der Inhalt dieser Zeitschriften bietet denn auch konsequent den Stoff für jede Menge Small Talk unter ihren Lesern.

Der unmittelbare Bezug zum Small Talk wird schon dadurch deutlich, dass die Leser dieser Zeitschriften auf diese Weise eine Beziehung zu den Stars und Sternchen aufbauen, die darin abgedruckt werden. Diese Art der Beziehungspflege ist zwar sehr einseitig, wird aber teilweise mit sehr viel Leidenschaft betrieben. Das merkt man, wenn man einmal einer Diskussion von Frauen über die Kleidung oder sogar die intimen Details von Schauspielerinnen zuhört oder Männern, die über die Fähigkeiten, aber auch über das Privatleben von Fußballern reden. Wüsste man es nicht besser, könnte man fast auf den Gedanken kommen, dass hier persönliche Bekanntschaften und Kontakte vorliegen. Diese Zeitschriften verbreiten somit nicht nur Small Talk, sondern sie stiften ihn auch.

Bei welchen Gelegenheiten wird Small Talk eingesetzt?

Small Talk ist im Ursprung weder gut noch schlecht, sondern entweder angebracht oder unpassend. So gibt es Situationen, die eine wohlüberlegte Stellungnahme erfordern, aber auch andere Fälle, in denen lediglich ein lockerer Small Talk erwartet wird.

Small Talk zur Begrüßung

Die mit Abstand häufigste Floskeln, die auf die unmittelbare Begrüßung folgt, ist wahrscheinlich die Frage „Wie geht es?".

Wenn Sie hierauf in der gleichen Qualitätsstufe antworten, also mit „Gut" oder „Es geht so", dann ist der Small Talk sehr schnell vorbei, und Sie können Ihres Weges ziehen oder auf wichtigere Dinge zu sprechen kommen. Wie ernst es allerdings mit der Beziehung zum Gesprächspartner steht, sehen Sie, wenn Sie die Antwort „Schlecht" geben: Gesprächspartner, denen Ihr Wohlergehen in Wahrheit völlig egal ist, sind jetzt irritiert und wissen in der Regel nicht mehr, wie das ihnen durch diese Antwort aufgezwungene Gespräch weitergeführt werden soll. Echte oder gespielte Anteilnahme lässt sich mit einer solchen Antwort schnell unterscheiden.

Dies bedeutet umgekehrt, dass Sie selbst die Frage „Wie geht es?" ebenfalls nur dann stellen sollten, wenn Sie an der Antwort wirklich interessiert sind, zum Beispiel weil Sie von vorhandenen Schwierigkeiten bei Ihrem Gesprächspartner wissen und ein echtes Interesse an ihm haben.

Die klassische Frage „Wie geht es?" ist in der Vielzahl der Fälle nicht ernst gemeint.

Ein echter Beziehungskiller müsste es theoretisch sein, wenn man auf die Mitteilung, dass es dem anderen schlecht geht, ohne langes Zögern auf die eigenen Unpässlichkeiten zu sprechen kommt, etwa mit der Bemerkung: „Das kann ich gut verstehen, mit tut heute auch alles weh. Weißt du, der Arzt hat letztlich zu mir gesagt ..." Genau genommen teilt man dem anderen auf diese Weise mit, dass seine Probleme nur insofern interessant sind, als dass man sie mit den eigenen überbieten kann. Interessanterweise ist unsere Gesellschaft aber so von dem Thema Krankheiten fasziniert, dass daraus oft ein intensiver Austausch über alle Krankheiten der letzten Jahre folgt und beide Seiten sich zum Schluss gut unterhalten fühlen.

„Guten Tag" ist keine Selbstverständlichkeit

Bei näherem Hinschauen ist auch die Begrüßung „Guten Tag", die der alltäglichen Etikette folgt, zumindest nicht

selbstverständlich. Benutzt man diesen Ausdruck nämlich zum Abschied, so meint das in der Regel, dass man
den anderen auf keinen Fall wiedersehen möchte. Kassie-
rerinnen im Supermarkt verwenden deshalb auch die aus-
führlichere Form, wie: „Ich wünsche Ihnen einen schönen
Tag." Wenn man darauf ein „Danke, gleichfalls" oder „Ich
Ihnen auch" erwidert, so hat man ein gelungenes Beispiel
für einen netten Small Talk, der mit etwas Glück vielleicht
auch ein kleines bisschen der Beziehungspflege dient.
Doch Vorsicht! Das heißt noch lange nicht, dass uns der
Gesprächspartner auch wirklich am Herzen liegt, sondern
nur, dass wir einfach nett sein wollten.

Eine seltene Erfahrung machte ich eines Tages auf den Kap-
verdischen Inseln, einer ehemalige portugiesischen Kolo-
nie im Atlantik mit wunderschönen Menschen. Deren Bewohner sind bekannt dafür, mit
großer Gelassenheit, Ruhe und Zu-
friedenheit ihren für unsere Verhält-
nisse eher ärmlichen Alltag zu meis-
tern. Das Meer ist ungeheuer fischreich, und wer Hunger
hat, hängt einfach eine Angel ins Wasser und muss höchstens zehn Minuten warten, bis ein Fisch angebissen hat.
Selbst die zahlreichen Haie in der Gegend sind ungefährlich, weil satt.

In den ersten Tagen meines Aufenthaltes war ich etwas
irritiert: Denn viele Kapverdianer saßen den Tag über im
Schatten einer Palme und begrüßten jeden Vorüberge-

**„Guten Tag"
muss keine
Floskel sein.**

henden mit einem recht herzlich klingenden „Guten Tag". Argwöhnisch durch ganz andere Erfahrungen in südlichen Ländern murmelte ich anfangs nur eine sehr knappe und leise Entgegnung und ging dann möglichst schnell weiter. Ich befürchtete, mit rührseligen Geschichten um mein Geld gebracht zu werden.

Erst nach ein paar Tagen, und nachdem ich mich etwas genauer mit Land und Leuten beschäftigt hatte, ging mir auf, dass diese Menschen nicht nur „Guten Tag" sagten, sondern auch „Guten Tag" meinten. Sie wünschten anderen Menschen wirklich einen angenehmen Tag.

Offenbar ist dieser Small Talk „Guten Tag" nicht immer und überall eine nichtssagende Floskel, und ich muss gestehen, dass diese Wünsche eine so angenehme Wirkung auf mich hatten, dass sie schon allein aus diesem Grund wahr wurden.

„Gut siehst du aus!"

Bemerkenswert ist auch die Begrüßung: „Mensch wir haben uns aber lange nicht gesehen. Gut siehst du aus!" Jetzt sind wir in der Regel gezwungen, genauso heuchlerisch zu erwidern, dass der andere ebenfalls gut aussieht. Da ist es fast schon besser wenn der andere sagt: „Mensch wir haben uns aber lange nicht gesehen. Du hast aber ganz schön zugelegt!" Darauf kann man denn wenigstens aus vollem Herzen entgegnen: „Du bist aber auch nicht schmaler geworden!"

Small Talk auf Partys

„Lieben Sie Partys? Ich finde sie unbequem,
Keiner kennt keinen, doch sagt jeder ‚Angenehm!'.
Man steht herum, stumm, das Glas in der rechten Hand,
und wer zuerst schläft, das ist meistens der Verstand."

Dies ist der Beginn eines wundervollen Liedes, das Daliah
Lavi 1972 mit dem Titel *Lieben Sie Partys?* aufgenommen hat.
Vielleicht muss man sogar unterscheiden zwischen den
Partys, die Jugendliche aus Ausgelassenheit und echtem
Spaß organisieren, und jenen gesellschaftlichen Verpflich-
tungen, die umso trostloser sind, je mehr sich Gastgeber
und Gäste einer gewissen Elite zurechnen.
So erinnere ich mich noch gut an ein High-Society-Event,
bei dem eine berühmte Juwelierin im teuersten Hotel der
Stadt eine Schmuck-Ausstellung organisiert hatte. Nachdem
man mich pflichtschuldigst jedem Gast vorgestellt hatte,
der als „wichtig" galt, ließ man mich mehr oder weniger
alleine mit der Bemerkung, ich hätte ja nun genug Partner für ein Gespräch. Doch leider verstehe ich nichts von
Schmuck, und wollte irgendwie auch niemandem unter den
Gästen ein Gespräch aufzwingen. Als geborener Genießer
machte ich mich also über die Kaviar-Häppchen her, die
eigens dafür engagierte, hübsche junge Damen zwischen
den Gästen hin- und hertrugen. Zu meinem Erstaunen
war ich wohl der einzige Kaviarliebhaber, und so standen
die jungen Damen bald bei mir Schlange, weil sie endlich

einen Abnehmer für ihre kostbare Fracht gefunden hatten. Und aus dieser netten Gesellschaft entwickelte sich sogar eine längere, geschäftliche Beziehung – was beweist, dass auch eine scheinbar sinnlose Konversation durchaus ernstzunehmende Folgen haben kann.

Wenn Sie die eingeladenen Gäste nicht kennen, sollten Sie sich auf positiven Small Talk beschränken, also beispielsweise auf so tiefsinnige Bemerkungen wie „Nett hier!" oder „Das Buffet ist wirklich gelungen!". Insbesondere ist es ausgesprochen nützlich, die Gastgeber und ihre Angehörigen zu kennen, um bei ihnen nicht mit einer Bemerkung wie „Ist das nicht eine grauenhafte Musik hier?" in unsterblicher Erinnerung zu bleiben.

Mit positivem Small Talk ist man auf der sicheren Seite.

Und seien Sie vorsichtig, wenn Sie in eine Runde mit reichlich Klatsch und Tratsch geraten. Diejenigen, die hier so mitteilsam wirken, sind zumeist auch unersättlich neugierig, und hier dient der Small Talk unter anderem dazu, von Ihnen verfängliche Informationen über Sie selbst oder andere zu bekommen. Der Small Talk soll also Ihre „Zunge lösen".

Small Talk im Aufzug

Ein vollbesetzter Aufzug ist häufig einer der ruhigsten Plätze im Haus. Da hier der in unserer Kultur übliche Mindestabstand zwischen nicht-befreundeten Personen deutlich unterschritten wird – er liegt bei etwa einer Armeslänge –, stellt sich bei den meisten Mitfahrern ein zumindest leichtes Missempfinden ein. Anstandshalber schließt man sich darum in der Regel dem Schweigen an. Wenn Sie jetzt allerdings laut und deutlich sagen: „Ist es nicht komisch, dass in einem vollen Aufzug die Menschen alle zur Decke oder auf den Boden schauen, obwohl es dort gar nichts zu sehen gibt?", bleiben Sie mit Sicherheit in bleibender Erinnerung bei Ihren Mitfahrern und können durch diese Art Small Talk zwar nicht Ihren Beliebtheits-, aber doch zumindest Ihren Bekanntheitsgrad steigern.

Small Talk während einer Auto- oder Zugfahrt

Als Beifahrer im Auto wird es einem schnell langweilig. Denn im Gegensatz zum Fahrer hat man ja meist so gut wie nichts zu tun. Während man im Zug noch eine Tageszeitung lesen kann, wird dies im Auto selten toleriert. Zu leicht kommt man dem Fahrer beim Umblättern der einzelnen Blätter ins Gehege. Aber selbst wenn man statt der Zeitung auf ein handlicheres Buch zurückgreift, so endet das bei empfindlicheren Personen ohnehin sehr oft in einem Gefühl leichter Übelkeit, quasi im Äquivalent einer leichten Seekrankheit. Also bietet sich ein lockeres Gespräch geradezu an, um die aufkommende Langeweile zu besiegen.

Häufig genug sind auch viele Autofahrer selbst bei einer Autofahrt kommunikativ nicht ausgelastet und freuen sich über ein wenig seichte Unterhaltung. Tiefsinnige Gespräche und Schwerverdauliches kommen ja wegen der Fahrsicherheit nicht infrage. Das kann schnell ins Auge gehen, wie ich am eigenen Leib erlebt habe: Ich erinnere mich noch gut, dass ich einen Kollegen, der Berufskraftfahrer ist und in dieser Eigenschaft auch Seminare gibt, mit einem interessanten Thema derart abgelenkt habe, dass er eine Geschwindigkeitskontrolle der Polizei samt der dazugehörigen Geschwindigkeitsbegrenzung übersehen hat. Noch zehn Jahre später erzählt er in seinen Seminaren, in denen sich auch Seminarteilnehmer befinden, die mich kennen, wem er seine bisher einzigen Punkte in Flensburg zu verdanken hat.

Small Talk im Auto verkürzt die Reisezeit.

Wie viel lockerer ist es da doch im Zug! Insbesondere bei den nicht allzu seltenen Verspätungen der Bundesbahn drängt sich ein Small Talk geradezu auf. Als eines Tages der Zug mal wieder mitten im Grünen stehen blieb und der Zugführer mit der geistreichen Bemerkung glänzte, hierbei handele es sich um einen ungeplanten Halt, ergoss sich mein Sitzpartner in einen Schwall übler Beschimpfungen über die nun unkalkulierbare Verspätung. Ich neige üblicherweise nicht zu so deftigen Bemerkungen, sah mich jedoch gezwungen, dem Leiden meiner Seele auf ganz ähnliche Weise Luft zu machen. Wie sich bei dem anschließenden Small Talk herausstellte, war mein Gesprächspartner ein Pfarrer auf dem Weg zu einer Trauung, und ich unterwegs zu einem Seminar, das ebenfalls bald beginnen sollte. In diesem Falle änderte der Small Talk zwar nicht das Geringste an der objektiven Lage, er erleichterte uns beide aber enorm. Man schließt ebenfalls schnell neue Bekanntschaften, wenn man sich eines der zahlreichen verwirrten Bahn-

Bahnfahren bietet viele Möglichkeiten zu einem netten Small Talk.

kunden annimmt, die hilflos suchend auf dem Bahnsteig herumlaufen. Bahnpersonal ist in der Regel nicht in Sicht, und so hat man mühelos einen freundlichen, weil dankbaren Gesprächspartner. Im Grunde sorgt gerade die Unzuverlässigkeit der Bahn für jede Menge Gesprächsstoff, auf den man bei einem funktionierenden System hätte verzichten müssen.

Small Talk im Flugzeug mit dem unbekannten Nachbarn

Zumindest wenn man zwei oder mehr Stunden recht eng nebeneinander sitzt, wäre ein kleiner Small Talk im Flugzeug nett. Das verkürzt die Reisezeit und zeigt dem Nachbarn, dass man ihm freundlich gesonnen ist. Aber natürlich ist das kein Muss: Wer demonstrativ von der Stewardess ein Kopfkissen und eine Decke verlangt und es schafft, sich die gesamte Zeit in einer vom Nachbarn abgewandten Haltung in den Sitz zu quetschen, der könnte mit der unausgesprochenen Botschaft „Bitte in Ruhe lassen!" Erfolg haben.

Ansonsten bietet es sich an, über den Flug selbst zu sprechen. Dabei kann es um Pünktlichkeit oder Unpünktlichkeit gehen, und selbst das Wetter hat bei einem Flug endlich einmal eine tiefere Bedeutung. Einleitend über das letzte Flugzeugunglück zu plappern, könnte allerdings beim Nachbarn einen starken Würgereiz hervorrufen, womit ein Gespräch von Anfang an erstickt wäre. Und sollten Sie zu denjenigen gehören, die wissen, dass das Fliegen beileibe nicht die sicherste Beförderungsart ist, sondern dass es hierbei pro Passagier und Stunde etwa dreimal so viele Tote gibt wie bei der Bahn, dann behalten Sie dieses Wissen besser mindestens so lange für sich, bis Sie wissen, dass ihr Nachbar eine ausgesprochen robuste Natur hat. Bemerkungen über das schöne Wetter oder die schöne Gegend am Zielort wirken da sehr viel angenehmer. Und wenn Sie bei jedem Small Talk unbedingt an etwas herumnörgeln müssen, dann schimpfen Sie zur Not auf das Gehalt des Piloten, aber zweifeln Sie bitte zumindest vor der Landung niemals seine Flugfähigkeiten an.

Small Talk im Taxi

Beim Taxifahren stellt sich die interessante Frage, von wem der Small Talk ausgeht und wem er am meisten nützt. Einerseits gibt es sicherlich Kunden, die während der Fahrt ihre Ruhe haben wollen, andererseits aber auch solche, die den Small Talk im Taxi als Bestandteil des Beförderungsservice ansehen und deshalb nach der Nennung des Fahrtzieles munter weiterplappern. Ein guter Taxifahrer spürt das und verhält sich entsprechend. Schwierige Kunden für den Taxifah-

Ein gelungener Small Talk im Taxi verspricht mehr Trinkgeld.

rer sind deshalb die Fahrgäste, die sich gerne unterhalten würden, sich aber nicht trauen, den Anfang zu machen.

Jeder erfahrene Taxifahrer weiß, dass ein gelungener Small Talk mit großer Wahrscheinlichkeit das Trinkgeld erhöht. Und das ist auch keineswegs verwerflich, denn der zufriedene Kunde gibt es ja gerne. Insbesondere Geschäftskunden sind auch nicht abgeneigt, sich die Visitenkarte des Fahrers geben zu lassen, um bei nächster Gelegenheit auch genau den Taxifahrer zu ordern, bei dem sie sich während der Fahrt so wohl gefühlt haben.

Was das Small-Talk-Thema angeht, muss ein Taxifahrer allerdings einiges an Fingerspitzengefühl mitbringen. Es entlockt mir immer wieder ein Schmunzeln, wenn mich zum Beispiel ein Taxifahrer in Gelsenkirchen ganz vorsichtig fragt, ob ich mich für Fußball interessiere. Denn fast jeder weiß, dass weltweit der Begriff Schalke viel bekannter ist als der Ort Gelsenkirchen. Raffinierte Taxifahrer schalten auch gerne den nächsten Nachrichtensender ein, um herauszufinden, ob der Kunde bei irgendeinem Thema eine besondere Reaktion zeigt. Ich selbst gehöre zu denen, die bevorzugt mit Bahn und Flugzeug unterwegs sind und für die letzten Kilometer fast regelmäßig ein Taxi in Anspruch nehmen, weil das Ganze insgesamt für mich bequemer und oft auch günstiger ist, als mein eigenes Auto zu nehmen. Bin ich öfter am selben Ort, wähle ich oft ganz bewusst die Taxigesellschaft aus, die die freundlicheren Fahrer hat, und verzeihe es dann manchmal sogar, wenn der nette Fahrer sich verfahren hat – was eigentlich nicht vorkommen dürfte.

Small Talk bei einem Geschäftsessen

Es stimmt zwar, dass anlässlich eines Geschäftsessens schon viele erfolgreiche, politische, wirtschaftliche und auch private Abschlüsse getätigt wurden und werden, aber nur in sehr seltenen Fällen erfolgten diese Vereinbarungen wirklich während des Essens selbst. Vielmehr ist ein Geschäftsessen eine Vorbereitung auf einen erwünschten Abschluss, die auf der Beziehungsebene ansetzt: Das heißt, hier werden die emotionalen Voraussetzungen für das geschaffen, was dann erst nach dem Essen beschlossen und ausformuliert wird.

Ursprünglich – also in grauer Vorzeit – herrschten auf diesem Planeten nur begrenzte Ressourcen, die der jeweilige Besitzer erbittert gegen jeden Eindringling verteidigte. In gewisser Hinsicht ist das ja zumindest auf Teilen dieser Erde nach wie vor der Fall. Wenn man nun jemanden in das eigene Territorium hineinließ und es ihm erlaubte, mit

Billigung oder gar Beteiligung des jeweiligen Revierinhabers diesem etwas wegzuessen, so war dies zugleich ein Symbol für Freundschaft oder zumindest für Verbundenheit. Und so funktioniert es auch heute noch: Wir entscheiden uns bis zum heutigen Tage, trotz hunderter alternativer Tätigkeiten mit guten Freunden in erster Linie zusammen trinken oder essen zu gehen. Dies festigt die gute Beziehung zueinander.

Bei einem Geschäftsessen ist man allerdings nur selten miteinander befreundet. Man weiß jedoch um den Wert der bloßen Sympathie für einen Geschäftsabschluss. Nun gilt neben der Regel, mit vollem Mund nicht zu sprechen, auch die, nicht mit der Tür ins Haus zu fallen. Deshalb pflegt man statt der wortreichen Verhandlung hierbei lieber einen Small Talk, der die gute Beziehung, die über das gemeinsame Essen hergestellt wird, noch verstärkt. Oft spricht man dann über private Dinge, wie die Ausbildung der Kinder, die bevorzugte Urlaubsregion oder gar das geliebte Haustier. Beachten Sie, dass der Small Talk nicht zu tief gehen darf! Das nimmt das Großhirn zu stark in Anspruch und stört tatsächlich den Genuss und sogar die Verdauung.

Small Talk beim Friseur

Beim Friseur ist man als Kunde und vermutlich noch eher als Kundin für eine ganze Weile in einer überwiegend passiven Haltung. Das ist man zwar beim Zahnarzt auch, aber da ist die Situation wesentlich angespannter und für einige unter uns sogar fast dramatisch.

Um das Haareschneiden (und eventuell das Pflegen und Färben) nicht einfach zu einer schnöden und womöglich gar langweiligen Dienstleistung werden zu lassen, sind manche Friseure geradezu Meister der kurz gefassten Unterhaltung. Selbst die örtliche Zeitung faltet sich vor Scham zusammen in Anbetracht dessen, was ein guter Friseur alles aus der Gegend und insbesondere über die Menschen in dieser Gegend zu berichten weiß.

„Es ist töricht, sich im Kummer die Haare zu raufen,
denn noch niemals ist Kahlköpfigkeit
ein Mittel gegen Probleme gewesen."   **(Mark Twain)**

Selbstverständlich wird der Friseur einem nicht die Relativitätstheorie erklären, und überhaupt erfordert dieser Beruf ein ganz besonderes Fingerspitzengefühl für Themen, die man bei einem Small Talk besser nicht anschneidet. Aber es ist doch wohltuend, mit frisch gewaschenen und geschnittenen Haaren ins Freie zu treten, um ein paar Euro ärmer, aber um etliche Informationen reicher.

Und Hand aufs Herz: Woher hat der Friseur diese Informationen? Es gibt offenbar genug Kunden, die sich am liebsten damit unterhalten, anderen etwas zu erzählen. Der Friseur muss also etwas können, was die meisten von uns nie gelernt haben: geduldig und aufmerksam zuhören. Nur so fühlt sich mancher Kunde richtig verstanden und ernst genommen. Ist es denn wirklich sinnvoll, seine kleinen Kümmernisse ausgerechnet auf einem Friseurstuhl preiszugeben, wenn ein Psychiater für ein Vielfaches an Geld denselben Dienst erbringt? Allerdings unterliegt letzterer der Pflicht zur Verschwiegenheit.

Small Talk in der Sauna

Die Sauna gehört nicht zu den kommunikativsten Orten unserer Gesellschaft, aber erstens ist das einfache Schwitzen vielen als Betätigung zu wenig und zweitens gehen sowohl Männer als auch Frauen gerne in Begleitung in die Sauna. Man bringt also den Gesprächspartner schon mit. Da die Hitze einem das Gehirn austrocknet, findet dort aber selten ein gepflegtes, tiefgründiges Gespräch statt, sondern hier ist echter Small Talk gefragt. Gerade in der Sauna bietet sich dafür die detailverliebte Betrachtung des eigenen Körpers an – mit all den Makeln, die sich im Laufe der Zeit angesammelt haben, die man schon seit Jahren loswerden will und mit deren Beseitigung man spätestens nächste Woche beginnt.

Weniger schicklich sind Bemerkungen über den Körper der anderen Saunagänger, auch wenn man diese in der Sauna ausgiebig betrachten und mit den eigenen Vor- oder Nachteilen vergleichen kann.

Da zu einer guten Sauna in der Regel ein angeschlossener Ruhebereich gehört, findet sich dort die Gelegenheit, den in der Hitze begonnenen Small Talk nun in abgekühlter Form zu vertiefen. Doch seien Sie vorsichtig, wenn Fremde dabei sind, denn so mancher versteht unter einem Ruhebereich tatsächlich einen Raum, in dem Ruhe herrscht, und ganz pingelige Zeitgenossen verstehen darunter auch schon die Sauna selbst.

Small Talk im Fitness-Studio

Böse Zungen behaupten, ein beträchtlicher Teil der Mitglieder in einem Fitness-Studio melde sich in erster Linie wegen des Small Talks dort an. Es gibt in der Tat Studios, die durch entsprechende Maßnahmen – wie eine Theke, Stühle, Tische und Kunststoffpalmen – dafür sorgen, dass eine Wohlfühlatmosphäre (Neudeutsch: Wellness) entsteht, die man sich nicht unbedingt mit hartem Training ruinieren muss. Es ist zudem schon lange kein Geheimnis mehr, dass manche Fitness-Studios in punkto zwischenmenschliche Beziehungen jede Kontaktbörse oder Diskothek bei weitem übertreffen. Und das wohl auch deshalb, weil hier die Altersspanne bei Weitem größer ist als beispielsweise in einer Disko, wo der kontaktfördernde Small Talk oft schon an den akustischen Gegebenheiten scheitert.

Aber auch im Trainingsbereich eines Fitness-Studios unterhält man sich munter: Diese Unterhaltung reicht von Mode und Männer (eher ein Thema für Frauen) bis zu Muskeln, Kraft und Frauen (eher Themen für Männer). Da ich selbst jahrelang ein Fitness-Studio betrieben habe, muss ich übrigens mit dem Vorurteil aufräumen, dass Frauen bei solchem Tratsch führend sind. Eine Frau auf einem Stepper oder einem Laufband hat gar nicht so viel Zeit für einen Small Talk, wie ein Mann, der sich zwischen den einzelnen anstrengenden Trainingseinheiten ausgiebig erholen muss.

Small Talk im Wartezimmer

Privatpatienten sind hier übel dran. Denn sie kommen zumindest bei manchen Ärzten einfach zu schnell dran, als dass sich ein Gespräch mit anderen entwickeln könnte. Ich erinnere mich noch an einen nicht mehr praktizierenden HNO-Arzt, bei dem ich grundsätzlich allen Patienten vorgezogen wurde und überhaupt nicht warten musste, weil dieser Arzt eine akademische Unterhaltung „unter Doktoren" über alles schätzte. Da er dabei alle anderen Patienten beliebig lange warten ließ, fällt es mir schwer, diese Unterredungen noch als Small Talk zu bezeichnen.

Im Normalfall sitzt man allerdings bei guten und daher beliebten Ärzten selbst mit Anmeldung leicht schon einmal eine Stunde oder länger in einem überfüllten Wartezimmer. Dann langweilt man sich oder lässt sich von den an der Wand hängenden Hinweisen zu diversen Krankheiten und Vorsorgeuntersuchungen in eine schleichende

Panik versetzen. Leider zeigen etliche Ärzte bei der Auswahl ihrer ausliegenden Zeitschriften einen Geschmack, der nicht jedermanns Sache ist, und so manche Geschichte über mir ansonsten völlig unbekannte Prinzen und Prinzessinnen würde ich ohne Arztbesuch wohl nur aus dem Märchenbuch kennen.

Im Wartezimmer eines Arztes entfällt nun endlich das Tabu, in einem Small Talk über Krankheiten zu reden. Und einige machen davon zum großen Vergnügen der anderen Wartenden auch ausgiebig Gebrauch. Besonders reizvoll wird es, wenn Mütter aus reiner Not ihre kleinen Kinder mitbringen, die dann im Wartezimmer über Tische und Bänke turnen. Dann ist es eine recht gute Vorsorgemaßnahme, frühzeitig einen Small Talk über die Probleme bei der Kindererziehung zu beginnen, bevor sich jemand noch über das Verhalten dieses Kindes beschweren kann, weil er nicht begreift, dass auch die beste Erziehung beispielsweise einen Vierjährigen nicht dazu ermuntern kann, über eine Stunde still und stumm auf etwas zu warten, was er ohnehin nicht versteht.

Small Talk in der Warteschlange

Sie stehen im Supermarkt in einer Schlange, aber ausgerechnet in Ihrer Schlange verlässt die Kassiererin für einige Zeit die Kasse, um eine Information einzuholen. Oder noch schlimmer: Sie stehen in einer Schlange vor einem

Fahrkartenschalter der Bundesbahn und etwa fünf Personen vor Ihnen möchte jemand eine Fahrkarte nach Helsinki kaufen. Die Frau oder der Mann am Schalter ist damit völlig überfordert, und auch der nach einiger Zeit herbeigerufene Vorgesetzte scheint sich nicht damit auszukennen. Ein Blick zur Seite zeigt Ihnen, dass Sie mit Ihrem fünften Platz in der Schlange aber relativ gut liegen. Wenn Sie jetzt wechseln, fangen Sie als Nummer zehn in der anderen Schlange von hinten an.

Damit sitzen Sie in der Falle. Sie brauchen jetzt viel Zeit und Geduld und Sie haben nichts zu tun. Die Gründe für einen Small Talk mit den anderen Wartenden in der Schlange sind nun offensichtlich. Eine Mischung aus Langeweile, Frust und Ärger führt jetzt zu tief schürfenden Bemerkungen:

- „Das passiert mir jetzt schon das dritte Mal in diesem Monat."
- „Warum habe ich mich nicht woanders angestellt?"
- „Die sind doch mal wieder völlig unterbesetzt an der Kasse/am Schalter!"
- „Das passiert mir immer, wenn ich keine Zeit habe!"

Die Antworten sind nicht weniger aufschlussreich:

- „Also, ich kenne das schon gar nicht mehr anders hier."
- „Man steht eben immer in der falschen Schlange."
- „Die sparen mittlerweile, wo sie können."
- „Also, ich plane schon immer eine Menge Zeit ein, wenn ich hierherkomme."

In solch einer Situation spürt man mit einer geradezu schmerzhaften Deutlichkeit, warum Paul Watzlawick (quasi der Oberguru aller Kommunikationswissenschaftler) als erste anerkannte Wahrheit seiner Kommunikationstheorie den Satz aufgestellt hat: „Man kann nicht nicht kommunizieren."

Mein Rat: Gönnen Sie sich einfach den Austausch einiger Oberflächlichkeiten. Das ist allemal besser, als eine halbe Stunde mit verbissenem Gesicht und wachsendem Ärger im Bauch auf ein Wunder zu warten.

Vergessen Sie aber insbesondere im Supermarkt nicht, dass die Kassiererin, die vor Ihnen an der Kasse sitzt, kein böses Wort verdient hat. Denn sie sitzt an ihrem Arbeitsplatz und muss häufig genug für die Fehler anderer herhalten.

Small Talk beim Chatten im Internet

Wenn sich mindestens zwei Menschen über Tastatur und Bildschirm unterhalten, so bezeichnet man dies als Chat. Unterstützt wird diese Form der Kommunikation durch die von vielen Providern oder durch Zusatzprogramme angebotene Möglichkeit, Chaträume einzurichten, in denen ganze Gruppen Gleichgesinnter miteinander kommunizieren. Da viele Benutzer solcher sogenannter Chatrooms dort unter einem Pseudonym verkehren, ist das sprachliche Niveau bisweilen eher am unteren Rand des Anstands und bisweilen auch außerhalb des rechtlich Erlaubten.

Entscheidend ist hier jedoch, dass eine recht zügige „Unterhaltung" von in der Regel des Tippens Unkundigen über die Tastatur stattfindet. Das führt zwangsläufig zu einer gewissen sprachlichen Sparsamkeit, und damit zu einer Form des Small Talks, die inzwischen eine regelrechte eigenständige Subkultur bildet. Durch Smileys und andere, über die Tastatur darstellbare kleine Figuren oder durch in der Szene übliche Abkürzungen – wie etwa <g> für „grinsen", :-) für Lächeln, :-(für Traurigkeit, :-xx für zwei Küsschen – lässt sich sogar ein Hauch von Mimik und Gestik auf den Bildschirm zaubern. Gemütszustände werden häufig in verkürzter Form und in spitzen Klammern signalisiert, so zum Beispiel <heul>, <freu>, <rotwerd>. Manche Chaträume sind offen, das heißt für jeden zugänglich, manche sind privat und quasi nur für „geladene Gäste" gedacht. Auch im Internet dient Small Talk der Beziehungspflege und so bilden sich dort virtuelle Gemeinschaften, die ihre engere Verbundenheit durch Kontaktlisten (sogenannte Buddy-Listen) zeigen. Sie ermöglichen eine sehr zügige Kontaktaufnahme, weil sie oft anzeigen, welches Mitglied dieser Liste gerade Online ist.

Den meisten Chatrooms haftet meinem Eindruck nach etwas Minimalistisches, aber zugleich auch Beachtenswertes an. Denn so sehr den knappen Äußerungen bisweilen der tiefere Sinn abhanden kommt, so kann man hier doch mehr oder weniger weltweit kommunizieren und sich quasi auch kennenlernen. Vielleicht ist diese Form von

Small Talk für diejenigen eine echte Hoffnung auf einen richtigen Kontakt, die in der realen Kommunikation zu oft schon bei den ersten Sätzen scheitern.

Small Talk in der Cafeteria

Inzwischen weiß man, dass Kommunikation zwar nicht alles, aber doch ein wesentliches Element für gute Firmenkultur ist. Deshalb baut man heutzutage eine Cafeteria von vornherein so, dass sie einen geeigneten Rahmen für gute Gespräche abgibt. Trotz dieses Raumes für Gespräche fehlt den meisten Mitarbeitern in der Regel die Zeit für eine tiefer gehende Unterhaltung, und so sind diese Cafeterien zu regelrechten Brutstätten für innerbetrieblichen Small Talk geworden. Hier trifft man sich – früher für eine Zigarette, heute wirklich nur für einen Kaffee –, und alles, was man in dieser Zeit sagen kann, wird hier gesagt. Um ein gutes Gerücht in Umlauf zu bringen und zu halten, ist allemal genügend Zeit, und da sich Menschen häufig mehr für Gerüchte und Geschichten interessieren als für die viel zu komplizierte Wahrheit, erfüllen diese Räume tatsächlich einen guten Zweck: Sie sorgen für das, was Wissenschaftler so gerne soziale Interaktion nennen, also aufeinander bezogenes Handeln von mehreren Personen. Sie sorgen für Beziehungspflege bei einem Small Talk.

Small Talk im Ausland

Ein Small Talk im Ausland verlangt äußerste Sensibilität, insbesondere wenn man Land und Leute noch nicht so genau kennt. Andererseits bietet er die Chance, Einzelheiten und Einsichten über dieses Land und seine Einwohner zu bekommen, die man sonst nie bekäme und die ein Reiseführer vielleicht verschweigen würde, sofern sie ihm überhaupt bekannt sind.

Ein gemeinsamer Sprachschatz ist wichtig

Natürlich setzt eine Unterhaltung im Ausland gewisse Sprachkenntnisse voraus, und zwar entweder auf der eigenen Seite oder beim Einheimischen. So hat zunächst einmal jeder Gesprächspartner seinen eigenen „Zeichenvorrat", den wir hier der Einfachheit halber als Sprachschatz bezeichnen. Dieser umfasst in der Regel einen größeren Teil der Muttersprache (kaum jemand wird alle Ausdrücke seiner Muttersprache beherrschen) und einen zumeist kleineren Teil der ein oder anderen Fremdsprache.

Wenn nun (A) den Sprachschatz des einen Gesprächspartners und (B) den Sprachschatz des anderen Gesprächspartners widerspiegelt, so ist streng genommen eine Unterhaltung nur in dem kleinen Bereich in der Mitte möglich,
in dem sich beide überschneiden: in dem gemeinsamen
Sprachschatz (das gilt übrigens nicht nur für die Kommunikation im Ausland, sondern für jede Verständigung).

Das ist aber normalerweise nicht so schlimm, wie es hier
aussieht. Denn bei sehr ähnlichen Sprachen, wie beispielsweise Deutsch und Holländisch, verstehen wir auch Ausdrücke, die es in unserer eigenen Sprache nicht exakt in
dieser Form gibt.

So waren wir einmal mit einer aus Deutschen und Nieder-
ländern gemischten Gruppe auf der griechischen Insel
Kalymnos unterwegs, als uns die Reiseleiterin auf einen
Strauch in der Wand aufmerksam machte und auf Deutsch
erklärte, es handele sich hier um Kapern. Der niederlän-
dische Teil unserer Gruppe verstand zunächst gar nichts,
und auch Übersetzungsversuche ins Englische brachten
uns nicht weiter. Die Lösung ergab sich, als eine Nieder-
länderin sich das deutsche Wort „auf der Zunge zergehen"
ließ und plötzlich herausplatzte mit „Kappertjes". Da dieses Sich-auf-der-Zunge-Zergehenlassen in gewissen Grenzen auch beim (insbesondere amerikanischen) Englisch
funktioniert, haben Gutwillige eine echte Chance, in wei-
ten Teilen der Welt miteinander ins Gespräch zu kommen. Denn schließlich sollen Sie in der fremden Sprache

ja keine Vorlesung an der Universität halten, sondern lediglich einen Small Talk führen. Und der kommt ohnehin mit einem sehr geringen Wortschatz aus.

Als eines meiner Bücher eines Tages erfreulicherweise auch in Niederländisch erschien, kam es mir allen Ernstes weniger fremd vor, als jenes Buch, das ich vor etlichen Jahren noch in der alten deutschen Rechtschreibung abgeliefert hatte und das dann aber in der neuen Rechtschreibung erschien.

Neue Wege gehen

Richtig interessante Dinge erfahren Sie, wenn Sie im Ausland Wege beschreiten, die nicht schon von tausend Deutschen vor Ihnen zertrampelt wurden. So fuhr ich eines Tages in Tunesien mit dem Zug von Tunis ins Innere des Landes. Während der recht langen Fahrt sprach mich ein Einheimischer an und begann jenen Small Talk, den man wohl weltweit pflegt, wenn man für längere Zeit mit einem anderen in einem Abteil sitzt. Er sprach ganz wenig Deutsch. Ich konnte kein bisschen Arabisch und auch mein Französisch ist dürftig, aber – und diese Erfahrung habe ich immer wieder gemacht – mit etwas gutem Willen reicht es allemal für einen Small Talk!

Natürlich wollte er zuerst von mir wissen, wo ich herkomme und was ich so mache, und nachdem wir irgendwann ein gewisses Vertrauen zueinander gewonnen hatten – mit eben jener Beziehungspflege die auch oder gerade im Ausland die wichtigste Funktion des Small Talks ist – gestand er mir, dass bei den Tunesiern der frühere deutsche Feldmarschall Rommel nicht nur großes Ansehen genösse, sondern in Teilen der Bevölkerung geradezu verehrt würde. Ich muss gestehen, dass ich bei diesem Thema etwas in Verlegenheit geriet, muss aber meinem Gesprächspartner das große Kompliment machen, dass er das spürte – wenngleich das auch in der naiven Frage mündete, wie die Deutschen denn das Ganze (gemeint war der Nationalsozialismus) heute sähen. Mein Gesprächspartner war übrigens ein einfacher Verkäufer, aber dennoch hatte ich während der ganzen Zeit meines Aufenthalts in Tunesien keinen so informativen Small Talk mehr.

Erfahren, was die anderen wirklich denken

Sehr einfach ist der Small Talk auch dort, wo er wohl am meisten gepflegt wird: in den USA. Dabei erfährt man Dinge, die in keinem Lexikon und in keinem Reiseführer stehen. Als ich mich einmal ganz locker mit einem Parkaufseher in Alabama unterhielt, kamen wir irgendwie auf das Verhältnis zu Deutschland zu sprechen. In der typisch lässigen Weise eines Südstaatlers erklärte er mir, dass man „die Geschichte mit Deutschland" längst zu den Akten gelegt habe, unvergessen aber sei nach wie vor der Krieg mit den Nordstaaten. Dies war allerdings kein Einzelfall. Als ich mich eines Tages in den Südstaaten hoffnungslos verfahren hatte, und mitten in einem endlosen Wald sowohl das Tageslicht als auch mein Benzin unheilvoll zur Neige gingen, rettete mich das berühmte Licht in der Dunkelheit: eine Tankstelle nebst einem kleinen Ort mit Motel. Ich konnte mir einen kleinen Small Talk mit der Frau an der Rezeption nicht verkneifen. Denn die Ursache meines Beinahe-Missgeschicks rührte daher, dass ich über hundert Meilen nicht einen einzigen Wegweiser gesehen hatte. In unserer Unterhaltung meinte sie plötzlich mit einem breiten Grinsen: „Wissen Sie, wir brauchen keine Schilder, denn wir Südstaatler kennen uns hier aus, und die verdammten Yankees aus dem Norden sollen doch sehen, wo sie bleiben!"

Mit solchen Small Talks erfährt man aber manchmal auch auf kürzestem Wege, was die anderen so über einen selbst beziehungsweise das Land, aus dem man kommt, denken. Als ich mir in Kalifornien einmal mit den dort üblichen, wirklich eiskalten Getränken den Magen verdorben hatte, bestellte ich mir eine Cola ohne Eis, verbunden mit dem Hinweis, dass wir das in Deutschland nicht gewohnt seien. Die Verkäuferin reagierte mit größtem Verständnis. „Selbstverständlich", sagte sie, „in Deutschland haben Sie ja auch keine Kühlschränke."

Auf der Karibikinsel Barbados gönnten wir uns einmal für einen ganzen Tag ein Taxi samt Fahrer. Nachdem er uns nicht nur die Sehenswürdigkeiten der Insel, sondern auch einen großen Teil seiner Bekannten und Verwandten vorgestellt hatte, taute er zunehmend auf. Man muss dazu wissen, dass die Bewohner der meisten Karibikstaaten im Vergleich zu anderen südlichen Ländern nicht sonderlich arm sind. Arbeitslosigkeit ist weitgehend unbekannt, und auch wenn es nicht für eine Versicherung gegen den nächsten großen Hurrikan reicht, scheint die blanke Armut, wie man sie im benachbarten Mittelamerika vorfindet, eher selten zu sein. Nach wie vor gibt es Nachfahren der weißen Kolonialisten, denen es ganz offenbar noch etwas besser geht. Was mich aber sehr verwunderte, war das Eingeständnis des Taxifahrers, dass es dort teilweise einen noch weit verbreiteten Rassismus gibt, der sich in einer völligen Abschottung der weißen Einheimischen gegenüber dem Rest der Bevölkerung ausdrückt.

Offen auf Menschen zugehen

Um so informative Small Talks zu führen, muss man allerdings auf die Menschen zugehen, und darf sich keinesfalls in einem Pulk von Touristen verbergen. Selbstverständlich sollte man selbst entweder frei von Vorurteilen sein oder aber seine Vorurteile zumindest kennen und sie im Zaum halten. Es kann auch nicht schaden, ein wenig anders zu sein als die anderen. Für mich ist das einfach. Denn meine massige Gestalt mit dem langen weißen Bart lassen erfahrungsgemäß fast überall eher angenehme Assoziationen an den Weihnachtsmann aufkommen als an einen arroganten Touristen aus Deutschland. Aber oft ist man ja schon dann anders, wenn man sich auf die Menschen einlässt, nicht immer wartet, bis man angesprochen wird, sondern trotz eventuell nicht gerade überwältigender Sprachkenntnisse auf die Menschen zugeht und diese anspricht. So honorieren es beispielsweise die Spanier sehr, wenn man in ihrem Land nicht mit größter Selbstverständlichkeit davon ausgeht, dass jeder Deutsch spricht, sondern zumindest den – teilweise rührenden – Versuch macht, sich auf Spanisch zu verständigen. Wenn es ihm möglich ist, wird einem der Gesprächspartner irgendwann lächelnd die Mühe abnehmen, und das Gespräch seinerseits auf Englisch oder Deutsch fortführen.

Staunen ist erlaubt

Außerdem darf man zwar staunen, sollte aber nicht anmaßend und ablehnend sein. Das ist allerdings nicht immer leicht. Als ich einmal ein Seminar für Führungskräfte aus Lettland gab, musste ich wohl oder übel akzeptieren, dass die Sommersonnenwende dort ein wichtigeres Fest ist als Weihnachten. Damit nicht genug, wurde mir erklärt, dass man in dieser Nacht nicht schlafen darf und deshalb gleich die Nacht durchtrinkt. Was dann am nächsten Tag aus meinem Seminar wurde, brauche ich wohl nicht zu erwähnen. Jedenfalls schlug mir bald die ungeteilte Sympathie der Seminarteilnehmer entgegen. Denn ich war offenbar der einzige deutsche Seminarleiter, der das locker hinnahm. Auch als ich angesichts einer Seminarserie in Ungarn Gast an der Universität in Budapest war, durfte ich mich nicht gegen das Angebot wehren, bereits mitten am Tag Alkohol zu trinken. Wie mir der Leiter der betriebswirtschaftlichen Fakultät im schönsten Small Talk mitteilte, sei „wenig Alkohol Arznei und viel Alkohol Medizin".

Übungen

Der ungeliebte alte Bekannte

Sie treffen auf der Straße einen alten Bekannten, der Sie einseitig in sein Herz geschlossen hat. Er begrüßt Sie überschwänglich mit den Worten: „Mensch, wir haben uns aber lange nicht gesehen. Das müssen wir ändern. Wie wäre es, kommst du morgen bei mir vorbei?"

Sie denken nicht im Traum daran, ihn zu besuchen, wollen ihn aber nicht zu sehr vor den Kopf stoßen und antworten:

a) „Weißt du, ich bin zurzeit sehr beschäftigt. Ein andermal vielleicht."

b) „In Ordnung. Wenn ich morgen Zeit habe, dann komme ich vorbei."

c) „Wohnst du eigentlich immer noch an der alten Adresse? Also ich bin neulich umgezogen …"

d) „Das schaffe ich momentan nicht. Wie wäre es, wenn du bei mir vorbeikommst?"

Meine Meinung:

Zu a): Das ist eine nur dürftig verkleidete Absage; sollte der andere sensibel sein, ist er jetzt wahrscheinlich beleidigt.

Zu b): Von der reinen Logik her sind Sie jetzt zwar nur dann verpflichtet zu kommen, wenn Sie morgen Zeit haben. Sie könnten sich also im Nachhinein damit herausreden, dass Sie eben keine Zeit hatten. Denkt der andere aber nicht so logisch, wird er Sie vermutlich fragen, warum Sie nicht wenigstens angerufen haben.

Zu c): Das müssen Sie jetzt nur geschickt fortsetzen. Mit etwas Glück bringen Sie Ihren Bekannten mit dieser Antwort von seinem Thema ab. Ansonsten können Sie ja anführen, dass Sie für eine Stippvisite jetzt einfach zu weit weg wohnen. Und wenn Sie gar nicht umgezogen sind? Dann schaffen Sie wenigstens Ihr Auto ab, das ist kaum zu überprüfen.

Zu d): Diese Antwort ist wohl am wenigsten in Ihrem Sinne, denn jetzt haben Sie ihren ungeliebten Bekannten erst recht am Hals.

Wenn Sie den Small Talk beenden wollen

Sie haben sich auf einen Small Talk eingelassen in der Hoffnung, dass er nur wenige Minuten dauert. Ihr Gesprächspartner ist aber jetzt so froh, einen Zuhörer gefunden zu haben, dass er gar nicht mehr aufhören will zu reden. Sie sagen:

a) „Während unserer Unterhaltung ist mir die Zeit davongelaufen. Ich muss jetzt dringend weg (weil …)."

b) „Das hast du mir doch schon beim letzten Mal erzählt. Ich denke wir beenden jetzt das Gespräch."

c) „Du, ich habe gerade noch einen Termin. Können wir uns bei nächster Gelegenheit weiter unterhalten?"

d) „Ich denke, wir sollten dieses Gespräch in einer ruhigeren Atmosphäre fortsetzen. Hier haben Sie meine Visitenkarte, rufen Sie mich bitte an!"

Meine Meinung:

Zu a): Das ist nicht die hohe Schule des Small Talks, aber damit wird der andere leben können. Das in Klammern gesetzte „weil" bedeutet, dass Sie, wenn Sie einen Grund haben, diesen auch nennen sollten. Vermeiden Sie möglichst Floskeln wie „Entschuldigung, aber ich muss jetzt weg!" Hier wird klar, dass Sie einfach fliehen wollen.

Zu b): Das ist ein echter Affront! Von jetzt an haben Sie wahrscheinlich einen Gesprächspartner weniger.

Zu c): Das ist nachvollziehbar, und das Angebot, das Gespräch fortzusetzen, zumindest eine freundliche Geste.

Zu d): Diese Antwort ist bei einem Treffen im Kaufhaus oder auf der Straße eine hervorragende Ausrede. Sie sollten jedoch damit rechnen, dass der andere – ob mit oder ohne Visitenkarte – die Fortsetzung des Gesprächs einfordern kann und wird.

Der gewünschte Small Talk – abends in der Hotelbar

Sie sitzen abends in der Hotelbar, und um Sie herum sind ein paar Menschen, die genauso einsam wirken, wie Sie sich hier fühlen. Jetzt wäre ein Small Talk eine willkommene Abwechslung. Was sagen Sie zu dem gewünschten Gesprächspartner?

a) „Finden Sie es auch so langweilig hier?"
b) „Kommt heute eigentlich nichts im Fernsehen?"
c) „Können Sie Ihr Getränk (oder die kleine Vorspeise) empfehlen?"
d) „Wo kann man hier gut essen? Ich habe ordentlichen Hunger."
e) „Sind Sie auch geschäftlich hier?"

Meine Meinung:

Zu a): Mehr als einen irritierten Blick werden Sie auf diese geistreiche Frage wohl nicht ernten, es sei denn Ihr Gesprächspartner ist ausgesprochen schlagfertig und antwortet: „Bis eben ging es noch."

Zu b): Wenn Sie darauf wirklich eine Antwort bekommen, ist der gemeinsame Aufenthalt in der Bar wahrscheinlich beendet. Jedenfalls gehört dieses Thema nicht hierher, sonst würde der andere sicherlich in seinem Hotelzimmer sitzen und Fernsehen gucken.

Zu c): Damit dürften Sie zumindest den ersten Schritt geschafft haben, um mit Ihrem Wunschgesprächspartner in Kontakt beziehungsweise zu einem Small Talk zu kommen. Aber denken Sie zwei Schritte weiter! Was sagen Sie, wenn die Antwort lautet: „Also, ich bin zufrieden."? Sie werden wohl oder übel direkt mit der nächsten Frage nachlegen müssen, etwa mit: „Sind Sie auch wegen der Messe hier?"

Zu d): Damit kommt man zwar ins Gespräch, wenn der andere einen Tipp hat. Da Sie jedoch die Erwartungshaltung wecken, jetzt gleich essen zu gehen, könnte der Small Talk unter Umständen sehr kurz werden.

Zu e): Die Frage ist, ob der andere hier in der Bar über dieses Thema sprechen will. Aber probieren geht über studieren! Im schlechtesten Falle sind Sie danach so einsam wie zuvor.

Small Talk im Ausland

Sie sind im Süden Europas mit einem Einheimischen verabredet. Sie warten und warten. Schließlich kommt der andere mit einer halben Stunde Verspätung und einem unschuldigen Lächeln auf Sie zu. Was sagen Sie?

a) „Hören Sie mal, ich warte jetzt schon eine halbe Stunde auf Sie!"

b) „Pünktlichkeit ist hier wohl ein Fremdwort."

c) „Es ist zwar schon ein bisschen spät, aber für einen Kaffee in dem Lokal da vorne reicht es immer."

d) „Ich wollte Ihnen schon entgegenkommen, aber ich wusste nicht, wo Sie arbeiten."

Meine Meinung:

Zu a): Das wird seine Vorteile gegen deutsche Pingeligkeit mit Sicherheit verfestigen. Hoffentlich haben Sie mit ihm nichts Wichtiges zu besprechen, denn die Beziehung ist hiermit ruiniert.

Zu b): Schlimmer geht es nicht! Das ist geradezu feindselig und arrogant.

Zu c): Nehmen Sie es leicht. Die sachte Anspielung darauf, dass es schon etwas spät ist, sollte das Äußerste sein, was Sie sich leisten!

Zu d): Wenn Sie den anderen unbedingt zu einer Entschuldigung verleiten wollen, wird das hiermit wohl gelingen. Aber was haben Sie davon?

Sie sind auf Erkundungstour auf einer fernen Insel und der einheimische Führer zeigt Ihnen ganz stolz den einzigen Radiosender der Insel. Was sagen Sie?

a) „Mit dem klapprigen Ding kann man wirklich senden?"
b) „Gibt es auf Ihrer Insel denn kein Fernsehen?"
c) „Donnerwetter. Wie weit reicht denn der Sender?"
d) „Womit produzieren Sie den Strom für den Sender?"

Meine Meinung:

Zu a): Auch eine Frage kann verletzen. Diese ist beleidigend und herabsetzend.

Zu b): Hier kommt die Beleidigung „um die Ecke", aber sie kommt.

Zu c): Das zeugt von Interesse, und Ihr Führer wird jetzt wahrscheinlich alles daransetzen, um Ihnen diese Frage zu beantworten.

Zu d): Geht zwar etwas am Thema vorbei, zeigt aber doch ein grundsätzliches Interesse.

Wann ist Small Talk gefährlich oder unangebracht?

Wie wir schon gesehen haben, ist Small Talk entweder angebracht oder unpassend. Manchmal allerdings ist er so unpassend, dass er wie ein Bumerang zum Sprecher zurückkommt. Dann reden wir im harmlosesten Falle vom „ins Fettnäpfchen treten".

Bei einer Beerdigung

Seien Sie vorsichtig, wenn Sie auf einer Beerdigung mit Leuten sprechen, die Sie nicht kennen. Erstens wird das Sprechen für eingeladene Gäste ohnehin erst nach dem Begräbnis toleriert und zweitens haben Sie hier die Situation nicht im Griff. Sogar die mitfühlende Frage „Ist es nicht tragisch, dass er schon so früh sterben musste?" wird zu einem schwer verdaulichen Bumerang, wenn Sie zur Antwortet bekommen: „Ja, ganz besonders weil er gestorben ist, bevor er seine Schulden bei mir bezahlt hat." Und dass man bei einer Beerdigung nicht über so hochgeistige Themen wie das Wetter, die Aktienkurse oder womöglich die schlecht sitzende Trauerkleidung der Witwe redet, versteht sich hoffentlich von selbst.

Hohle Floskeln wie „Ich kann es noch gar nicht fassen" rechnen streng genommen zur Hilflosigkeit des Trauernden noch die Fassungslosigkeit des Tröstenden hinzu. Wenn mit dieser Äußerung gemeint ist, dass der Tröstende ebenfalls zutiefst betroffen ist, ist das ja in Ordnung. Vielleicht könnte man diese Betroffenheit aber auch in aller Deutlichkeit ausdrücken. Was aber nützt einem Trauernden die Mitteilung, dass der andere offenbar gar nicht versteht (eben nicht fassen kann), was ihm widerfahren ist? Die meisten Hinterbliebe-

Vermeiden Sie hohle Floskeln, wenn Sie Trost spenden möchten.

nen sind allerdings derart in ihrem Schmerz gefangen, dass Ihnen das nicht auffällt, womit diese Äußerung zumindest folgenlos bleibt.

Schlimmer sind Tröstungsversuche wie „Das wird schon wieder", „Du bist ja noch jung, du findest sicherlich noch jemanden" oder der geschmacklose Verweis auf die existierende Lebensversicherung.

Denken Sie ruhig mal darüber nach, dass der Trauernde am meisten unter und an sich selbst leidet. Denn er ist ja derjenige, der jetzt ohne den Verstorbenen weiterleben muss. Damit erhalten Fragen wie „Kann ich dir helfen?" oder Wünsche wie „Es tut mir leid, dass du jetzt so eine harte Zeit hast. Ich wünsche dir jedenfalls viel Kraft" eine weitaus tröstlichere Kraft als der nach meiner Erfahrung leider allzu oft wahre, aber wenig hilfreiche Hinweis, dass der Pfarrer eine lausige Ansprache gehalten hat.

Der Austausch gemeinsamer Erinnerungen an den Verstorbenen kann zwar sehr hilfreich sein, gehört aber nicht auf die Beerdigung, wenn der Verstorbene zumindest körperlich oder physikalisch (als Asche) noch anwesend ist. Das hebt man sich besser für die spätere sogenannte Aufarbeitung des Schmerzes auf.

Bei einem Bewerbungsgespräch

Bei einem Bewerbungsgespräch sollten Sie sich jedes Wort genau überlegen. Small Talk bietet sich da allenfalls bei der Sekretärin im Vorzimmer an, sofern Sie sich sicher sind, dass Sie sie damit nicht stören. Recht informativ und hilfreich kann ein Small Talk allerdings sein, wenn Sie mit anderen Bewerbern zusammen in einem Zimmer warten – schon allein um die eigene Nervosität zu teilen und damit zu lindern.

In dem eigentlichen Bewerbungsgespräch und erst recht in einem möglicherweise daran anschließenden Assessment-Center (eine Eignungsuntersuchung) empfiehlt sich Small Talk aber nur noch sehr eingeschränkt. Denn hier dürfen und sollen Sie zeigen, dass Sie über etwas Tiefgang verfügen. Das ist natürlich nicht unproblematisch: Die schon erwähnte Beziehungspflege darf nämlich trotz der betonten Sachlichkeit dieser Gespräche keineswegs auf der Strecke bleiben. So kann man zum Beispiel zu Beginn des Gesprächs ein paar Bemerkungen über die Anreise, die

Stadt, in der der angestrebte Arbeitsplatz liegt, oder über die Internet-Präsentation der Firma machen. Achten Sie aber grundsätzlich auf die Reaktion des Gesprächspartners! In dieser Situation gibt es ein klares System der Über- und Unterordnung, das heißt, dass der Untergeordnete in der Regel nur dann spricht, wenn er gefragt wird. Deshalb dürfen und müssen Sie natürlich über ihre Hobbys sprechen, wenn Sie danach gefragt wurden. Aber seien Sie dabei vorsichtig, denn Interview-Profis verfolgen auch mit solchen Fragen keine Small Talk-Interessen!

Nach einem Geschäftsessen (bei einem gemeinsamen Spaziergang)

So hilfreich ein guter Small Talk während des Essens oder besser während der Pausen vor und zwischen den Gängen sein kann, so wichtig ist es andererseits zu erkennen, wann der Ernst des Geschäftslebens beginnt. Ein kleiner gemeinsamer Spaziergang nach dem Essen ist der optimale Zeitpunkt für eine sachliche Einigung. Schon dadurch, dass man für einige Zeit körperlich nebeneinander in dieselbe Richtung geht, entsteht ein fast suggestiver Zwang, dies auch geistig zu tun. Doch Vorsicht! Sollte Ihr Gesprächspartner noch keine Lust auf Sachthemen erkennen lassen, dann können Sie jetzt auch auf der Beziehungsebene noch stärker punkten als beim Essen! Junge Paare sprechen nicht von ungefähr von einem „wir gehen miteinander".

Wichtige Entscheidungen fallen oft beim Spaziergang

Anwar as-Sadat und Menachem Begin haben sich bei einem Spaziergang 1978 in Camp David auf den berühmten Friedensvertrag zwischen Ägypten und Israel geeinigt und Ronald Reagan und Michail Gorbatschow leiteten zum Leidwesen ihrer Leibwächter einen entscheidenden Durchbruch zur amerikanisch-sowjetischen Verständigung bei gemeinsamen Spaziergängen im Oktober 1986 in Reykjavik ein. Es ist nicht überliefert, wie weit hier Small Talk gepflegt wurde, nach allgemeinen diplomatischen Gepflogenheiten dürfte dieser aber schon vorher und zwar im Sitzen stattgefunden haben.

Bei einem Vortrag

Halten Sie selbst den Vortrag, dann bietet sich ein Small Talk meistens nur zur Einleitung an. Befinden Sie sich unter den Zuhörern, so ist er in der Regel eine grobe Unhöflichkeit – es sei denn Sie wurden um ihr Wort gebeten. In diesem Falle allerdings ist Small Talk schlichtweg Dummheit.

Aus der Tatsache, dass zahlreiche Politiker gleich gegen beide Empfehlungen verstoßen, schlussfolgern Sie bitte nicht, dass man auch Ihnen ein derartiges Gehabe verzeiht. Tatsächlich zeigt mittlerweile auch die Reaktion der breiten Bevölkerung, dass sie von nichtssagenden akustischen Signalen nichts hält. Zum Leidwesen dieser Politiker findet dann die Abstimmung bereits mit der Fernbedienung statt, was natürlich bedauerlich ist, wenn der Redner danach doch noch etwas Gehaltvolles zu sagen hat.

Wer selbst einen Vortrag hält, tut gut daran, statt auf sein Manuskript auf seine Zuhörer zu schauen. Das macht nicht nur einen besseren Eindruck, sondern sichert auch halbwegs den Überblick, ob man seine Zuhörerschaft noch im Griff hat.

Begnadete Redner verfallen dann mit kleinen eingestreuten Geschichten oder Witzen zwischendurch doch noch in einen Small Talk. Und das kann der Zuhörer, sofern es anschließend wieder zur Sache zurückgeht, durchaus als erholsam empfinden. Der rhetorisch brillante, bayerische Politiker Franz Josef Strauß pflegte störende Zwischenrufe oft mit der ironischen Bemerkung zu kontern: „Politik wird mit dem Kopf gemacht, nicht mit dem Kehlkopf!" Wie er in einem selbstkritischen Zeitungsartikel zugab, brachte er seine Zuhörer mit solchen Sprüchen zum Lachen und hatte damit die Sympathien auf seiner Seite. Das war also eine bewusste Beziehungspflege!

Bisweilen sichert einem ein gezielter Ausrutscher zu Beginn eines Sachvortrags aber auch die ungeteilte Aufmerksamkeit aller Anwesenden. So begann der Verhaltensforscher und Pädagoge Prof. Felix von Cube einen Vortrag vor lauter führenden Köpfen aus der deutschen Wirtschaft mit den Worten: „Die Menschen sind nichts anderes als Affen. Und Sie …", an dieser Stelle deutete er auf die anwesenden Manager, „ …Sie sind die Oberaffen!" Damit hatte er für den Rest seines Vortrags so gut wie gewonnen.

Wie einfach hat man es doch als Humorist. So begrüßte Heinz Erhard seine Zuhörer häufig ganz trocken mit den folgenden Worten: „Guten Abend, meine Damen und die, die ihnen nachlaufen!"

In Sitzungen

Die Gefahr eines Small Talks in einer Sitzung besteht insbesondere darin, einen Fehler zu verstärken, der ohnehin schon die Nützlichkeit der meisten Sitzungen bedroht. Immer wieder beklagen sich Seminarteilnehmer bei mir, dass Unmengen an wertvoller Zeit für Sitzungen, Meetings, Jour Fixes, oder wie man diese Inszenierungen sonst noch nennen mag, regelrecht verschwendet wird. Damit verbindet sich offenbar regelmäßig das Eingeständnis, dass diese Sitzungen unverhältnismäßig lange dauern und zu allem Übel fast nichts dabei herauskommt.

Nach meiner Erfahrung gibt es dafür mehrere Gründe:

■ Viele Teilnehmer kommen schlicht unvorbereitet in eine Sitzung und das umso häufiger, je dicker die zuvor verschickten Unterlagen waren. Sie hatten einfach keine Zeit, die endlosen Seiten gründlich durchzulesen. Aber was bleibt einem, wenn man trotz dieser sachlichen Ahnungslosigkeit etwas zum Treffen beisteuern will? Im Grunde nur der Small Talk, der schon vom Ansatz her keine Problemlösung enthält. Er füllt lediglich die Zeit.

- Auch wenn ich persönlich den Einsatz von Medien sehr begrüße, so muss ich doch kritisch feststellen, dass bei den heutigen technischen Möglichkeiten auf vielen Sitzungen ein regelrechter Medienzirkus veranstaltet wird, der leider den Blick für das Wesentliche eher trübt als schärft. Wenn jemand schon eine Neigung zum Small Talk hat, kann er dieser zum Beispiel mit einer wahren Folienschlacht oder mit einem Beamer nicht nur nachgeben, sondern ihr auch noch einen ernsthaften Anstrich geben.

- In aller Regel beinhaltet die Einladung zu einer Sitzung nur eine Auflistung sogenannter Tagesordnungspunkte. Diese verleiten aber getreu dem Motto „Gut, dass wir mal darüber geredet haben" automatisch zu einem Small Talk und nicht zu einer effektiven Diskussion.

  Nur wer fragt, bekommt auch Antworten.

  Wenn ich in einer Sitzung Lösungen will, so muss ich diese bereits in der Einladung einfordern. Anstelle von bloßen Tagesordnungspunkten sollten besser gute Fragen stehen. Denn nur wer fragt, bekommt auch Antworten. Ein uneffektiver Small Talk wird damit deutlich schwieriger.

- Viele Sitzungen werden entweder gar nicht oder aber miserabel moderiert. Dabei ist es gerade der neutrale Moderator, der am ehesten darauf achten kann, dass die Diskussion nicht in eine end- und sinnlose Anhäufung von akustischen und optischen Signalen abgleitet.

Bei einem Kundentermin

Zur Einleitung, quasi als „Eisbrecher", mag ein wenig Small Talk sehr nützlich sein. Dies gilt vor allem dann, wenn Sie über den Kunden bereits einiges wissen und ihn somit gezielt und ohne anzuecken nach dem Befinden seiner Frau oder den sportlichen Leistungen seiner Kinder fragen können. Es ist dann gelegentlich auch angemessen, sich mit Informationen aus dem eigenen Privatleben zu revanchieren. Dies gilt jedenfalls dann, wenn der andere – und sei es nur aus Höflichkeit – danach fragt.

Ansonsten seien Sie vorsichtig, denn in der heutigen Zeit gilt leider oft: Sie stehlen ihrem Kunden mit dem Small Talk seine möglicherweise kostbare Zeit. Somit könnte er auf die unheilvolle Idee kommen, seine Geschäfte künftig mit jemandem zu machen, der schneller zur Sache kommt. Allerdings sind Menschen in diesem Punkt sehr verschieden. Jemand, der die Regeln des letzten Zeitmanagement-Seminars wirklich verinnerlicht hat, wird den Small Talk schnell und selbstbewusst von sich aus unterbrechen, während manchem anderen ein kurzer Urlaub aus der Ernsthaftigkeit und dem Stress der Arbeitswelt ganz recht ist.

Beim Kundengespräch ist Menschenkenntnis von Vorteil.

Hier ist eine gute Portion Menschenkenntnis erforderlich und eine gute Beobachtungsgabe – insbesondere für Körpersignale Ihres Gegenübers. Interesse geht oft mit einer zugewandten Haltung einher. Betrachtet der andere Sie jedoch als Nervensäge, wird er sich wahrscheinlich eher abwenden und ein deutlich unfreundlicheres Gesicht aufsetzen. Aus meinen Seminaren weiß ich, dass vor allem diejenigen ohne langjährige Erfahrung in einem Kundentermin häufig viel zu sehr mit sich selbst, also mit der eigenen Mimik und Gestik und mit der eigenen Argumentation beschäftigt sind, und dadurch nicht mehr genügend Aufmerksamkeit für das Verhalten ihres Kunden haben.

Hier hilft nur Übung. Das eigene Verhalten muss Ihnen in Fleisch und Blut übergehen. Dann können Sie sich dem mindestens ebenso wichtigen Studium Ihres Gesprächspartners widmen.

Bei einem Verkaufsgespräch

Nehmen wir im Gegensatz zum vorhergehenden Fall einmal an, dass der Kunde zu Ihnen kommt und seine Kaufentscheidung noch lange nicht feststeht. Aus der Tatsache, dass er zu Ihnen kommt, dürfen Sie auf ein gewisses Interesse schließen.

Es ist immer schwierig, einem anderen ein Angebot zu machen, wenn man seine Wünsche gar nicht oder nicht genau genug kennt.

Ich hatte einmal ein längeres Kaufgespräch mit dem Vertreter eines führenden Türenherstellers. Er bemühte sich redlich, mir seine gesamte Kollektion vorzustellen. Er legte mir ein großes Album mit schicken bunten Bildchen vor und begann einen etwa einstündigen Monolog. Dabei blätterte er die Bilder immer weiter. Am Ende dieses Monologes stellte er mir die Frage, die er viel früher hätte stellen sollen: „Was machen Sie eigentlich beruflich?" Ich antwortete ihm darauf, dass ich seit vielen Jahren Dozent für Psychologie und Rhetorik-Trainer

Ein Small Talk hilft, Kundenwünsche in Erfahrung zu bringen.

bin. In der freudigen Erwartung, jetzt von einem Profi gelobt zu werden, fragte er mich, wie ich seine Präsentation gefunden hätte. Meine Antwort wird ihm wenig Freude gemacht haben: „Das war armselig, Sie haben mir gerade etwa hundert Angebote gemacht, aber mich nicht ein einziges Mal gefragt, wofür ich neue Türen brauche und wie ich sie mir vorgestellt habe."

Um solche Fehler zu vermeiden, könnten Sie etwas Small Talk einsetzen, der sich in diesem Falle auch gut begründen lässt: „Um Sie optimal beraten zu können, habe ich im Vorfeld einige Fragen an Sie …" Sollten Sie dann als Verkäufer in den Antworten des potenziellen Kunden Gesprächsstoff für einen Small Talk bekommen, so nehmen Sie dieses Angebot des Kunden ruhig an. Ob es um Türen, Autos oder gar Häuser geht, der Kunde wird im Allgemeinen mehr als das sachlich Notwendige erzählen.

Jeder Kunde hat über die sachliche Kompetenz des Verkäufers hinaus das Bedürfnis nach Komfort, Verständnis und Wichtigkeit. Er will nicht nur wegen seines Geldes, sondern vor allem als Person mit seinen Wünschen, Ängsten und Träumen ernst genommen werden. Und deshalb sollte der Gesprächspartner all diese Gefühle so schnell wie möglich in Erfahrung bringen. Denn ein frisch gebackener Familienvater wird ein Auto vielleicht nicht mehr allein nach Leistung aussuchen, sondern vermutlich eher nach Familientauglichkeit. Andererseits werden zumindest Männer beim Thema Auto nie wirklich erwachsen ... Ein guter Verkäufer sollte diese Bedürfnisse mit Feingefühl erfragen und nach Möglichkeit befriedigen.

Auf einem Seminar für Makler erzählten mir die Teilnehmer, dass ihnen Kunden, denen sie eine Immobilie verkaufen wollen, oftmals etwas zu trinken und bisweilen sogar ein komplettes Essen anbieten. Auf meine Frage, was sie denn in so einem Fall machen, antworteten sie mir: „Wir lehnen natürlich ab. Wir wollen doch schließlich dem Kunden keine Mühe machen."

Meine Reaktion war ungewohnt scharf: „Sie beginnen ein Verkaufsgespräch, bei dem Sie einem Kunden ein über hunderttausend Euro teures Objekt verkaufen wollen, mit einer Ablehnung? Jetzt glaubt der Kunde doch, dass Sie zwar an Ihrem Geschäft, nicht aber an Ihrem Geschäftspartner Interesse haben und möglichst schnell wieder verschwinden wollen!"

Bei einem Handel dieser Größenordnung würden Sie Ihren Kunden, wenn er zu Ihnen käme, schließlich auch bewirten, wenngleich König Kunde dieses Angebot natürlich ausschlagen darf.

Kunden und Dienstleister

Der Kunde ist ein schwieriges Wesen. Seine Haltung ist etwa so kompliziert, wie die Haltung einer exotischen Tierart in einem deutschen Zoo. Es besteht stets die Chance, dass ihm irgendetwas nicht gefällt. Seine Wünsche und Hintergründe sind bisweilen völlig unbekannt, sein Wesen ab und zu von aufreizendem Einfach-nur-dagegen-Sein geprägt.

Doch was hat man als Dienstleister schon für eine Wahl? Ob man für Sauberkeit in Schulen sorgt, Grünflächen zu echten Naherholungsbereichen macht oder dafür sorgt, dass die Straßen sauber bleiben und der Müll entsorgt wird – Dankbarkeit wird man nie erfahren. So mancher Dienstleister wird jetzt begeistert ausrufen: „Ja, genau, so ist es!"

Doch seien wir ehrlich: Haben Sie sich schon einmal bei einem Polizisten bedankt, der auf der Straße auch bei schlechtem Wetter Streife geht? Oder bei einer Kassiererin, die auch den zwanzigsten Kunden in der Schlange noch einigermaßen freundlich bedient? Oder bei einem Busfahrer, dass er uns zu unserem Ziel und nicht in sein Depot gefahren hat? Oder ist das alles selbstverständlich?

Im Grunde wären beide Seiten gut bedient, ab und zu einen kleinen Small Talk zu halten. Als Kunde bekommt man die freundlichere Bedienung und als Dienstleister weniger Beschwerden.

So kann man als Kunde schon einmal mit einem gewissen Verständnis vorlegen: „Ich weiß, heute wird alles teurer. Als ich letztlich ein Kilo Tomaten gekauft habe ..." Es wird dann sicherlich nur noch halb so schwer, sich erfolgreich

nach den Gebühren und dem Termin für den neuen Kabel-
anschluss zu erkundigen.

Umgekehrt sollte man sich allerdings als Dienstleister so
einen Einstieg verkneifen. Wer mit der Begründung, dass
alles teurer wird, die eigene Preiserhöhung kaschieren will,
stößt damit vermutlich auf wenig Gegenliebe. Da wirkt es
schon überzeugender, den Kunden zu fragen: „Wissen Sie
eigentlich, was uns das Verlegen von einem Kilometer
Kabel inklusive aller Anschlüsse in der Innenstadt kostet?"
Ich persönlich verstehe davon nichts, tippe aber auf einen
astronomischen Betrag, der manchen vor Entsetzen stumm
machen dürfte

Bei einer Verspätung

„Sucht nicht Schuldige, sondern Ursachen."

(Werner Mitsch)

Sie kommen zu spät zur Arbeit, oder noch schlimmer: Sie
kommen zu spät zu einer Sitzung. Hierfür gibt es zunächst
zwei Möglichkeiten: Entweder Sie können etwas dafür oder
Sie sind das Opfer widriger Umstände geworden. In beiden
Fällen jedoch sind Sie nicht rechtzeitig eingetroffen, und
das spricht leider gegen Sie.

Rein gefühlsmäßig neigt man in einer solchen Situation
dazu, sich zu entschuldigen, und zwar entweder für das
eigene Fehlverhalten oder aber etwa mit dem Stau, in dem

man stand, dem Zug, der mitten auf der Strecke stehen geblieben oder gar nicht erst gekommen ist, und so weiter. Damit jedoch mutiert Ihr simples Zuspätkommen im unglücklichsten Fall zu einem moralischen Desaster.

Das Problem mit der Entschuldigung

Soll man sich für einen Fehler entschuldigen? In meinen Seminaren errege ich regelmäßig großes Erstaunen, wenn ich an dieser Stelle antworte: „Nein, entschuldigen Sie sich nicht!" Was man uns in Kindestagen als sogenanntes gutes Benehmen beigebracht hat, ist nichts anderes als der erste Schritt in den persönlichen Abgrund!

Mit einer Entschuldigung wirft man zum einen die Frage nach einem Schuldigen auf, zum anderen die Frage, wer dieser Schuldige ist. Machen Sie sich bitte klar, dass beides für die Lösung des Problems völlig ungeeignet ist. Ihre Gesprächspartner werden den Aspekt der Schuld meistens gerne aufgreifen, denn leider sind viele Menschen tatsächlich mehr an der Frage der Schuld als an der Behebung des Fehlers interessiert.

In unserer Kultur gehören die Begriffe Schuld und Sühne so eng zusammen, dass man Sie nach einer Entschuldigung jederzeit zum Opferlamm macht, der begangene Fehler überlebt den Schuldigen aber allemal.

Was also soll man tun? Ganz einfach: Geben Sie den Fehler zu, und kontern Sie sofort mit einer produktiven Frage, beispielsweise mit: „Ich gebe zu, das habe ich falsch gemacht. Aber wie bekommen wir das jetzt wieder in den Griff?"

▶

Sollten Ihre Gegner ihren Heißhunger nach einem Schuldigen einfach nicht zügeln können, dürfen Sie auch etwas härter werden: „Hören Sie bitte zu: Ich stehe hier nicht vor dem Jüngsten Gericht, sondern vor einem Problem!"

Wenn Sie also einen guten Grund für Ihre Verspätung haben, dann sagen Sie „Tut mir leid, aber ..." und nennen Sie anschließend die Ursache. Sind Sie selbst der Missetäter, so müssen Sie das nicht im Büßergewand bedauern. Treten Sie stattdessen einfach die Flucht nach vorne an: „Tut mir leid, ich hoffe, es gibt noch einen freien Stuhl für mich." Oder wie wäre es mit ein wenig Small Talk? Kein Wort des Bedauerns, sondern nur: „Stellen Sie sich vor, da war doch allen Ernstes eine Herde Kühe auf der Autobahn!", oder wie es mir tatsächlich einmal ergangen ist: „Können Sie sich vorstellen, dass da etwa einen Kilometer vor mir ein Lastwagen mit Pingpong-Bällen umgekippt ist?" Danach brauchen Sie sich nicht mehr zu entschuldigen, das muss Ihnen noch nicht einmal leidtun, sofern die Geschichte wahr und dem Lastwagen-Fahrer nichts passiert ist.

Problematisch sind erfundene Ausreden: Selbst wenn sie gut sind, muss man sie sich merken. Sollten Sie also eine Autopanne vorgeschoben haben, so darf Sie die Frage nach den Kosten zwei Wochen später nicht einmal für drei Sekunden aus dem Konzept bringen, wenn Sie Ihre Glaubwürdigkeit nicht dauerhaft aufs Spiel setzen wollen.

Übungen

Small Talk auf Kosten der Sachlichkeit

Sie sitzen mit einem Geschäftspartner oder einem Kollegen bei einem gemeinsamen Essen. Ihre Zeit ist begrenzt und Sie haben die Hoffnung, sich wenigstens unmittelbar nach dem Essen auf ein paar wichtige Dinge verständigen oder einigen zu können. Doch Ihr Partner hat sich beim Small Talk warm geredet und mag nun gar nicht mehr damit aufhören.

Was sagen Sie?

a) „Entschuldigen Sie, aber können wir jetzt bitte zur Sache kommen?"

b) „Wissen Sie noch, dass wir uns aus bestimmten Gründen hier zum Essen getroffen haben?"

c) „Es tut mir leid, wenn ich Sie unterbreche, aber ich habe da gerade eine Idee, wie wir unser eingangs besprochenes Problem lösen können!"

d) „Wo Sie gerade von Ihren kranken Kindern reden, da sind wir doch beim Thema! Wie können wir jetzt unseren Krankenstand reduzieren?"

Meine Meinung:

Zu a): Damit werfen Sie ihrem Partner Unsachlichkeit vor, und selbst wenn der andere jetzt zähneknirschend zum Thema käme, haben Sie die Atmosphäre unter Umständen nachhaltig verdorben.

Zu b): Hier wird die Beleidigung zwar etwas besser verpackt, aber die Botschaft, dass Sie kein Interesse am jetzigen
Gesprächsthema haben, ist unüberhörbar. Leider schließen
viele vom mangelnden Interesse an ihren Erzählungen auf
das mangelnde Interesse am Sprecher.

Zu c): Wenn Sie erfolgreich den Eindruck vermitteln können, dass Ihr Einfall wirklich spontan ist, ist das eine gute
Unterbrechung des unerwünschten Redeschwalls. Auf jeden Fall bleibt ein unausgesprochener Vorwurf weitgehend
aus der Botschaft heraus.

Zu d): Das setzt voraus, dass Sie inhaltlich an den Small Talk
des anderen anschließen können. Wenn Ihnen das gelingt,
haben Sie gewonnen!

Der Patzer im Vortrag

Sie haben sich entschlossen, ihren Vortrag nicht abzulesen,
sondern frei zu reden. Das ist lobenswert und stets angenehm für die Zuhörer. Leider steigt dadurch aber auch die
Wahrscheinlichkeit für kleinere bis größere Versprecher.

Hilft jetzt ein kleiner Small Talk?

a) „Tut mir leid, das habe ich so nicht gemeint. Wissen Sie,
   ich mache das hier nicht so oft, da kann schon mal ein
   Fehler passieren."

b) „Das war nichts! Aber versetzen Sie sich mal in meine
   Lage: Müssten Sie hier vor Publikum sprechen, hätten
   Sie doch bestimmt auch Lampenfieber!"

c) „Das war ein Patzer. Aber kennen Sie die Formel für einen guten Redner? A sagt er, B meint er, C schreibt er, und D wäre richtig gewesen."

Meine Meinung:

Zu a): Dieser Satz wird bei Versprechern und Patzern sehr häufig verwendet und kommt menschlich rüber. Besonders souverän wirkt diese Aussage allerdings nicht.

Zu b): Machen Sie das nur, wenn das Publikum ihnen halbwegs wohlgesinnt ist. Im anderen Fall bekommen Sie unter Umständen so etwas zu hören wie: „Wenn ich in Ihrer Lage wäre, würde ich keine Vorträge halten."

Zu c): Mit Humor läuft einfach alles besser, und Sie haben hier gekonnt auch nur die Andeutung einer gefährlichen Entschuldigung vermieden!

Wann braucht man Small Talk?

In manchen Situationen sind tiefsinnige Bemerkungen so passend wie ein philosophischer Vortrag auf einer Kirmes. Will man aber zu solchen Gelegenheiten bestehen, muss man entweder schweigen, was aber leider auch nicht immer unproblematisch ist, oder man beherrscht die Kunst des Small Talks.

Peinliches Schweigen vermeiden

Ein noch unerfahrener Dozent begann an der Universität eines seiner ersten Seminare mit einem psychologischen Experiment, auf das er nach einer guten Literaturrecherche wahrscheinlich verzichtet oder das er zumindest um einige Jahrzehnte nach hinten verschoben hätte. Er setzte sich vor das Seminar und schwieg fast zehn Minuten. Die Studenten hatten natürlich erwartet, dass sich der neue Dozent erst einmal vorstellt. Stattdessen erlebten sie eine in mehrfacher Hinsicht nichtssagende Vorstellung. Der Dozent hatte allerdings die gruppendynamischen Auswirkungen in einem prall gefüllten Seminarraum deutlich unterschätzt. Die anfängliche Irritation schlug nämlich sehr schnell in Frustration und diese fast sofort in Aggression um. Er bekam jedenfalls in diesem Seminar kein Bein mehr auf die Erde, und auch ich habe damals das Seminar recht bald verlassen, weil ich das Elend nicht länger miterleben wollte.

Schweigen lässt viel Raum für Deutungen. Eine recht nahe liegende ist die Missachtung des Angeschwiegenen. Ist man nur zu zweit, wird man durch das Schweigen auf sich selbst zurückgeworfen, man ist also **Schweigen wirkt oft** „zu zweit alleine". Aber die Studen- **als Missachtung.** ten damals waren nicht alleine, und sie waren auch nicht zum Schweigen verpflichtet. Sie konnten untereinander verabreden, wie man sich für dieses unerträgliche und als Unverschämtheit empfundene Verhalten rächen könne.

Schweigen kann eine wahre Folter sein, die tatsächlich in manchen Verhören oder auch in Kritikgesprächen mit sehr harten Gegnern eingesetzt wird. Dem in diesen Fällen deutlich unterlegenen Gegenüber gehen dabei zahlreiche Gedanken durch den Kopf: „Was macht der mit mir? Was will er damit erreichen? Warum sagt er nichts? Wie soll ich jetzt reagieren? Was denkt der andere nun über mich?" Dem Schweigen lässt sich in der Regel weniger folgen, als wenn man von einem wahren Redefluss überschüttet würde.

Soweit zum Schweigen als gefährliches aber bisweilen auch sehr erfolgreiches Kommunikationsmittel. Was aber ist, wenn das Schweigen gar keine Absicht ist? Was tun, wenn einem schlicht und einfach die Worte fehlen?

Stimmen wir dem zu, was wir gerade über absichtliches Schweigen gelesen haben, dann steht zu befürchten, dass die Situation beim unabsichtlichen Schweigen annähernd vergleichbar ist. Und ich habe es in über hundert mündlichen Prüfungen erlebt, dass der Kandidat statt zu schweigen lieber eine falsche Antwort gibt.

Ein Small Talk hilft, Schweigen zu vermeiden.

Betrachten wir das Schweigen einmal wie einen physikalisch leeren Raum (einfach einen Raum ohne Gegenstände, der außer vier Wänden, der Decke und dem Boden nichts zu bieten hat). Wir glauben, diesen leeren Raum irgendwie füllen zu müssen. Denn leere Räume können wir in der Regel ebenso wenig ertragen wie scheinbar leere Minuten, in denen nichts als geschwiegen wird. Mit Schweigen können wir den leeren Raum nicht füllen, also sehen wir uns um und füllen ihn verzweifelt mit irgendetwas an.

Die Leere füllen

Es ist manchmal bei einem Umzug rührend zu beobachten, wie Menschen, die ihren gesamten Hausrat noch in der alten Wohnung haben, irgendeinen Hocker oder bisweilen sogar als Erstes einen Fernseher auf den blanken Boden ihrer neuen Wohnung stellen, nur um die Leere zu füllen. Und der Fernseher füllt nicht nur den Raum, sondern sogar die Zeit, wenn man ihn anschaltet.

Hier nun erfüllt der Small Talk eine seiner Aufgaben geradezu perfekt: Er ersetzt das unerträgliche Schweigen und die leere Zeit durch etwas vielleicht Belangloses, stets jedoch – wenn gut gemacht – durch etwas Angenehmes. Der Small Talk ist sozusagen der Fernseher auf dem kalten Boden eines leeren Zimmers, man hat etwas zum Schauen und etwas zum Hören. Und je nachdem welches Programm man wählt, ist es sogar mehr als bloße Unterhaltung.

Die große Leere im Kopf verschleiern

„Gedanken sind nicht stets parat,
man schreibt auch wenn man keine hat." (Wilhelm Busch)

Ersetzen wir „schreibt" durch „spricht", dann haben wir neben der gefühlten Leere der Zeit oft zusätzlich noch das Gefühl der großen Leere im Kopf. Wir befinden uns dann in einer Situation, in der wir glauben, etwas sagen zu müssen, aber es fällt uns beim besten Willen nichts ein. Im Falle eines Blackouts etwa, bei dem Stress und das Stresshormon Adrenalin ganze Bereiche des Großhirns lahmlegen, trifft das weitgehend zu. Der Unterschied zur völligen Leere ist, dass sich die nötigen Informationen zwar in Ihrem Kopf befinden, Sie aber soeben die Zugangsberechtigung darauf verloren haben. Aber vielleicht reichen ja die verbliebenen paar Hirnzellen noch für einen kleinen Small Talk?

Im Grunde ist es für Ihr Gegenüber nämlich ohne Belang, ob diese Leere stressbedingt ist oder ob Sie wirklich nicht Bescheid wissen. Der schlechte Eindruck ist in beiden Fällen der gleiche. Deshalb ist es schon von großem Vorteil, dies mit einem guten selbstkritischen Witz, also im Grunde mit einem auswendig gelernten Small Talk, überspielen zu können. So sagte beispielsweise Heinz Erhard, um eventuelle Schnitzer bereits vorwegzunehmen: „Ich fühle mich wie ein Brötchen heute, etwas belegt." Und wenn es denn schließlich doch zum Patzer kam, federte er ihn locker ab: „Die Worte fallen mir leicht aus dem Gehege meiner Zähne. Aber das ist besser, als wenn das Gehege meiner Zähne mir ins Wort fällt." Da das Publikum jetzt fast minutenlang lachte und applaudierte, hatte er jede Menge Zeit, wieder in sein Programm zu finden oder sich etwas Neues auszudenken – worin er fast unschlagbar war.

Auswendig gelernte Floskeln helfen über einen Blackout hinwegzukommen.

Es geht also darum, die Leere im Kopf so lange durch auswendig gelernte Floskeln zu füllen, bis sie von selbst wieder verschwindet. Dafür müssen Sie allerdings diese Floskeln so lange üben, bis Ihnen ihr Gebrauch sozusagen in Fleisch und Blut übergegangen ist. Nachdenken können Sie in solchen Situationen ja nicht mehr. Es ist quasi ein „Small Talk aus dem Bauch".

Und wenn Ihnen noch nicht einmal mehr der auswendig gelernte Small Talk einfällt? Egal ob Sie sitzen oder stehen, schon aus Gründen der Beruhigung sollten Sie stets etwas in die Hand nehmen. Ein Kugelschreiber ist allerdings zu klein und verleitet auch noch zu nervösem Knipsen – was viele schier in den Wahnsinn treiben kann. Ideal ist ein großer Filzstift, der gleichzeitig auch als verlängerter Zeigefinger dient. Wenn sich in Ihnen die große Leere breitmacht, lassen Sie diesen Filzstift einfach fallen. Nutzen Sie nun die Zeit des Bückens, Suchens und Aufhebens, um sich wieder unter Kontrolle zu bringen. Wenn Sie stehen, wenden Sie sich beim Aufheben von ihrem Publikum ab und holen – am besten von den anderen ungesehen – einmal tief Luft.

Namen des Gesprächspartners vergessen

Es gibt erstaunlich viele Menschen, die sich keine Namen merken können. Und bei manchen ist das so ausgeprägt, dass sie mit knapper Not gerade noch behalten, wie sie selbst heißen.

Nun wissen wir alle, welch guten Eindruck jemand macht, der sich fast alle Namen von Menschen, die er kennengelernt hat, merken kann. Wir sind regelrecht fasziniert und angetan, wenn wir diesen Menschen nach Jahren wiedersehen und er uns sofort mit Namen begrüßt. Denn spricht uns jemand namentlich an, den wir nur kurz kennengelernt haben, so empfinden wir das als Zeichen von Wertschätzung.

Aber wie ist es mit uns? Können wir uns revanchieren? Es ist schließlich umso peinlicher, wenn man selbst mit Namen angesprochen wird, umgekehrt aber nicht die leiseste Ahnung hat, wie der andere heißt.

Hier gibt es zwei Lösungsmöglichkeiten: Entweder Sie absolvieren ein Gedächtnistraining oder aber sie retten sich in den Small Talk. Noch bevor der andere Sie mit der namentlichen Anrede blamiert, gehen Sie auf ihn zu, und begrüßen ihn mit besonderer Herzlichkeit: „Mensch, wir haben uns ja lange nicht gesehen. Sie haben sich in all der Zeit aber kaum verändert!" So überspielen Sie ihre Schwäche und gewinnen dennoch die so wichtigen Sympathiepunkte.

Wenn man sich überhaupt nicht erinnert, wer einen begrüßt

Dies ist eine Situation, in der man ohne Small Talk wohl verloren ist. Es ist jenes unbeschreibliche Gefühl, dass man den anderen „schon irgendwo einmal gesehen" hat. Aber es fällt einem weder der Ort noch die Zeit ein, und um den Namen des anderen braucht man sich erst recht keine Sorgen zu machen.

Die Kunst des richtigen Small Talks besteht jetzt darin, nicht nur betont freundlich zu sein, sondern den Small Talk auch noch so aufzubauen, dass man möglichst schnell erfährt, wann und wo man den anderen getroffen hat.

Viele von uns verfügen über ein ausgeprägtes assoziatives Gedächtnis, das heißt, die persönlichen Daten des anderen sind mit dem Ort verknüpft, an dem wir ihn das erste Mal gesehen haben.

Wie Kinder sich erinnern

Bei Kindern ist das assoziative Gedächtnis besonders ausgeprägt. Sie verfügen über ein ganzheitliches Gedächtnis: Die andere Person ist also fest in die äußeren Gegebenheiten eingebunden, die sich die Kinder automatisch mitmerken. Bei Spielen wie Memory ist das von großem Vorteil, hier hat man als Erwachsener kaum eine Chance gegen ein Kind.

Da uns also der „bekannte Fremde" vermutlich nicht den Gefallen tun wird, sich vorzustellen, müssen wir den Small Talk möglichst schnell auf diese Umgebungsinformationen bringen, also etwa so: „Sag mal, haben wir uns eigentlich außer damals noch einmal wiedergesehen?" Hier gibt man also vor, sich noch an das erste Treffen erinnern zu können, und hofft, dass der andere keine Präzisierung von „damals" verlangt. Mit ein wenig Glück bekommt man jetzt die Antwort: „Nein, ich kann mich nur an unser Treffen bei … erinnern", womit man die fehlende Information hat. Im ersten Moment risikoloser ist die Frage: „Erzähl mal, was ist eigentlich seit unserem letzten Treffen so alles passiert!" Im besten Falle bekommt man jetzt die Informationen, aus denen man sich die Identität des anderen zusammenreimen kann. Im schlimmsten Fall erhält man noch einen Haufen zusätzlicher Details, mit denen man ebenfalls nichts anfangen kann.

Small Talk in der mündlichen Prüfung

Vom Prüfer

Es gibt Prüfer, denen ist das Schicksal ihrer Prüflinge weitgehend gleichgültig und leider gibt es auch sadistische Naturen, die ihre Machtposition mit einer misslungenen Prüfung und einer schlechten Note krönen. Ich habe in meinem Leben schon hunderte von mündlichen Prüfungen abgenommen, und obwohl ich mich für einen sehr wohlwollenden Prüfer halte, beobachte ich regelmäßig, wie selbst bislang selbstsicher wirkende Menschen in der Prüfung vor lauter Stress zu stammelnden und tragischen Gestalten werden.

Manchmal ist es dann tatsächlich empfehlenswert, nicht sofort mit der ersten Prüfungsfrage zu starten, sondern mit ganz harmlosen Themen zu beginnen, wie etwa die Anfahrt zum Prüfungsort, dem Wetter von heute oder die Frage nach der Herkunft des Vor- oder Nachnamens des Prüflings. Nur wenn man merkt, dass der andere dieses nette Vorspiel ganz entsetzlich findet („der soll doch endlich anfangen") und schon nervös mit den Füßen wippt, verzichtet man besser auf diesen Small Talk.

Vom Prüfling

Eine Schreckensvorstellung aller Prüflinge ist vermutlich Folgendes: All Ihre wochenlangen Vorbereitungen auf die mündliche Prüfung waren umsonst! Mit dieser Prüfungsfrage haben Sie nicht gerechnet. Wer jetzt schweigend in sich zusammenfällt, macht leider ganz und gar keinen klugen Eindruck. Wer jedoch pfiffig den richtigen Small Talk einsetzt, bekommt womöglich einen hilfreichen Hinweis: „Ich weiß nicht, ob ich Ihre Frage richtig verstanden habe. Ich mache das einmal an einem Beispiel klar, und bitte Sie, mich zu korrigieren, wenn ich danebenliege." Wahrscheinlich liegen Sie daneben, wahrscheinlich wird der Prüfer Sie korrigieren, und ebenso wahrscheinlich (oder hoffentlich) wird er Ihnen damit einen Fingerzeig auf die richtige Antwort geben.

Welche Themen eignen sich für einen Small Talk?

Wie wäre es mit einem Small Talk über die Relativitätstheorie? Nein? Sie haben recht: Nicht jedes Thema eignet sich für einen Small Talk. Manches ist zu kompliziert, manches passt nicht zur Situation, manches interessiert keinen. Andererseits kann man sich über manches fast ausschließlich im Small Talk austauschen.

Hobbys

Es kann sein, dass man Ihre Begeisterung fürs Schlammcatchen oder für Hahnenkämpfe nicht so ohne Weiteres teilt, aber im Allgemeinen ist ein Hobby, das zwar außerhalb der Norm, nicht aber außerhalb des gesellschaftlich definierten guten Geschmacks liegt, stets ein guter Gesprächsstoff. Wird ein Hobby mit viel Leidenschaft betrieben, so kann man es oft auch ganz unterhaltsam darstellen. Man kann seine Zuhörer in diesem Fall auch mit Small Talk blendend unterhalten.

Ich selbst betreibe seit fast 35 Jahren mehr oder weniger intensiv Kraftsport. Die trockene Darstellung, wie man eine fast vier Zentner schwere Hantel von der Brust in die Höhe bringt, begeistert allerdings außerhalb der kleinen Kraftsportszene niemanden.

Im Laufe der Zeit bringt dieses Hobby aber auch das ein oder andere unterhaltsamere Element mit sich. So erzähle ich in meinen Rhetorik-Seminaren zur Auflockerung gerne, wie sich Arnold Schwarzenegger in einer Talkshow mit einem guten Trick vor der Beantwortung der Frage „Haben Sie eigentlich in Ihrer aktiven Zeit Anabolika genommen?" gedrückt hat. Noch faszinierender für meine Seminarteilnehmer ist aber meine anschließende Frage: „Wer außer Schwarzenegger war ebenfalls ein weltweit erfolgreicher Bodybuilder und Schauspieler und ist ebenfalls zumindest in seiner Heimat ein populärer Politiker?"

So gut wie keiner kennt die Antwort: Kein anderer nämlich als Sean Connery wurde im Jahr 1950 schottischer Bodybuilding-Meister und erreichte den dritten Platz beim Mr.-Universum-Wettbewerb. Dieser Sieg legte den Grundstein für den Beginn seiner glänzenden Schauspielerkarriere. Er ist außerdem ein führender Kopf der schottischen Unabhängigkeitspartei und wurde im Jahr 2000 für seine Verdienste um Schottland von Königin Elisabeth II. zum Ritter geschlagen. Seitdem darf er sich Sir Sean Connery nennen. Die Zeremonie fand im schottischen Edinburg statt und Sean Connery trug dabei einen Kilt.

Dieser Small Talk lockert ein Seminar ungemein auf und ist einzig das Ergebnis meines Hobbys.

Musik

„Musik ist angenehm zu hören,
doch ewig braucht sie nicht zu währen."   (Wilhelm Busch)

So wie Musik im obigen Zitat nicht ewig währen muss, so
muss es auch nicht das Gespräch über Musik – es sei denn,
hier treffen zwei identische Leidenschaften aufeinander.
Ein Small Talk über Musik ist aber stets nett und relativ risi-
kofrei. Er ist mindestens ebenso angenehm wie die Musik
selbst, und die Erwähnung, dass man selbst ein Instrument
spielt oder singt, setzt dem Small Talk noch die Krone auf.
Signalisiert die andere Seite wider Erwarten ein gewisses
Desinteresse, zumeist verbunden mit dem Hinweis, dass
sie davon nicht das Geringste versteht, so kann man recht
problemlos das Thema wechseln. Meine Erfahrung zeigt
allerdings, dass man selbst bei stark auseinanderlaufendem
Musikgeschmack nicht aneckt – im Gegensatz zu Gesprä-
chen über Politik oder Religion. Dadurch bleibt Musik als
Thema für einen Small Talk zumeist interessant.

Sport

Insbesondere bei Männern kann man mit diesem Thema
wenig falsch machen. Diese Gefahr besteht eher mit dem
Eingeständnis, dass Sie von Fußball nicht das Geringste
verstehen und Sie niemals ein Fußball-Nationalspiel oder
irgendein Formel-1-Rennen mit Schumacher gesehen haben.

Selbst dann aber wird die Reaktion wohl eher nicht aggressiv sein, sondern vermutlich eher in Richtung Mitleid gehen.

Aber auch Frauen haben bei diesem Thema stark aufgeholt – umso mehr als sie zum Beispiel beim Fußball und auch bei anderen Sportarten international zeitweise deutlich erfolgreicher waren und sind als ihre männlichen Kollegen.

Ähnlich wie bei der Musik trumpft hier im Small Talk natürlich derjenige auf, der selbst Sport betreibt, erst recht, wenn er damit schon irgendeine Meisterschaft oder einen Pokal gewonnen hat.

Aktuelle Geschehnisse

Man achte hier auf das Adjektiv aktuell. Zweifellos können Sie mit Ihren Geschichtskenntnissen glänzen, für einen Small Talk ist das Hier und Jetzt aber allemal besser geeignet. Denn dann muss man keine persönliche Betroffenheit herstellen, muss man nicht erklären, dass der Mensch eventuell Gene des Neandertalers in sich trägt, sondern dann ist man einfach ein Lebewesen, das in aller Unschuld und Unwissenheit hier und jetzt lebt und damit auch über das Hier und Jetzt informiert ist oder zumindest informiert werden will.

So sehr man auch die Oberflächlichkeit bedauern mag, dass das katastrophale Unglück vor zehn Jahren mit hunderten von Toten neben dem Unfall heute an der Ecke nebenan praktisch keinen emotionalen Stellenwert mehr hat, so ist der Mensch nun einmal so. Menschen halten das für vorrangig, was zeitlich und räumlich näher liegt.

Aktualität geht auch bei Tieren vor
Es gibt Untersuchungen des Psychologen Kurt Lewin, die zeigen, dass auch Tiere das für vorrangiger erachten, was zeitlich und räumlich näher ist. So sollte man etwa einen entlaufenden Hund bei seiner Rückkehr stets loben, denn der Hund bezieht Lob und Strafe immer auf das, was er jetzt tut, und reagiert beispielsweise auch auf eine Wurst in einem Meter Nähe viel verlangender, als auf eine in zwanzig Meter Entfernung.

So ist für meine Studenten eine Prüfung nach einem Jahr maximal interessant, drei Wochen vorher überlegen Sie, dafür zu lernen, und sie wird Bestandteil ihres Small Talks, am Tag der Prüfung aber wird sie plötzlich zum Lebensinhalt.

Urlaub

Ein Urlaub ist immer etwas Nettes, und selbst wenn er das nicht war, ist er für einen Small Talk allemal geeignet. Schließlich gehört auch ein kräftiges Ablästern über den Baulärm und den meilenweit entfernten Strand zur Reinigung der Seele und damit zum Small Talk.
Wichtige Grundvoraussetzung für dieses Thema ist allerdings, dass man das bevorzugte Urlaubsziel des anderen

respektiert. Unterlässt man das, stellt man nicht nur den Geschmack seines Gegenübers, sondern streng genommen auch sein Recht auf freie Wahl infrage.

Auch wenn Sie selbst niemals an den Ort fahren würden, an dem der andere regelmäßig seinen Urlaub verbringt oder verbracht hat, sollten Sie höchstens anmerken, dass Ihnen dieses Ziel nicht so liegt. Verzichten Sie auf Bemerkungen, wie dass Sie selbst die sprichwörtlichen zehn Pferde nicht an diesen Ort bekämen.

Meister des Small Talks fragen selbst dann noch, wie es war, und lassen sich den von Ihnen so verabscheuten Ort noch bis ins Detail erklären. Sie werden sehen, wie sich Ihr Gesprächspartner über Ihr vermeintliches Interesse freut, und erleben wieder einmal, warum der Small Talk für die Beziehungspflege so wichtig ist.

Wetter

Wetter gibt es immer und überall. Damit eignet es sich auch immer und überall für einen Small Talk. Ob die Sonne scheint oder der Himmel weint, jeder versteht es und – wichtiger noch – jeder kann es nachempfinden und dazu etwas sagen.

Im Urlaub

Für manche ist das Wetter im Urlaub für ihr Wohlbefinden mindestens so ausschlaggebend wie die Gegend, in der

sie ihren Urlaub verbracht haben. Nicht umsonst werden
vor allem südliche, sonnenverwöhnte Gefilde von regenge-
schädigten Nordeuropäern regelrecht überrannt.

Seltsamerweise interessieren sich auch die Zuhausege-
bliebenen häufig besonders dafür. Wenn man beispielsweise aus einem sonnenverwöhnten Land zu Hause anruft,
bekommt man sehr häufig die Frage gestellt: „Und wie ist
das Wetter bei euch?" Erstaunlicherweise scheint es hier
auch keinen Neidfaktor zu geben. Das Wetter ist nun einmal im Leben der meisten Menschen etwas Naturgegebe-
nes. Wir haben uns damit abgefunden, dass wir es – mit
Ausnahme einer globalen Erwärmung – nicht beeinflus-
sen können. Und deshalb ist es auch immer wieder spannend, dass dieses Wetter an anderen Orten anders ist als zu
Hause.

Die Wetterkarten im Fernsehen geben eben doch keinen so
anschaulichen Eindruck vom Wetter in aller Welt, wie es
die kurzen Schilderungen der Reisenden können. Sie sind
nur ein farbenfrohes Muster aus bläulichen (kälteren) und
rötlichen (wärmeren) Flächen.

Nur eingeschränkt: das Wetter zu Hause

Was unterscheidet das Wetter zu Hause vom Wetter im
Urlaub? Nun sehr häufig ist das Wetter zu Hause schlechter, und sofern man selbst zu Hause bleibt, kennt man es
zu genüge. Damit gibt das Wetter zu Hause selbst für einen
Small Talk nicht genug her. „Mensch ist das wieder ein

Wetter heute!" ist ein häufig gebrauchter Ausdruck, der vom Informationsgehalt noch dürftiger ist als die Feststellung, dass heute Morgen ein neuer Tag begonnen hat.

Auf der anderen Seite schadet es nichts, über das Wetter zu schimpfen oder es ausnahmsweise zu loben. Man hat damit zumindest seine gesellschaftlich erwartete, sprachliche Mindestleistung erbracht, die dem anderen zeigt, dass man ihn gesehen hat und ihn nicht ganz wortlos stehen lassen möchte.

Essen

Essen ist nicht nur ein lebenswichtiger Vorgang, sondern auch ein ausgezeichnetes Thema für den Small Talk. Ein Blick in unsere Illustrierten belehrt uns, dass die Vorliebe oder auch die Abneigung für bestimmte Nahrungsmittel längst fast religiöse Züge angenommen hat. Nur geht es hier weniger um das ewige Leben, als bestenfalls um ein längeres Leben, und selbst wenn man alles falsch macht, kommt man nicht in die Hölle sondern zum Arzt. Eine Ausnahme bilden die beinahe religiösen Tabus für bestimmte Nahrungsmittel. Die sind aber so heikel, dass sie sich noch nicht einmal für eine wissenschaftliche Diskussion, geschweige denn für einen Small Talk eignen.

Ansonsten erlaubt der Austausch von Rezepten oder der Hinweis auf exotische Gewürze einen angenehmen, einträchtigen Small Talk, der praktisch den Genuss des Essens sprachlich vorwegnimmt. Da jeder isst, kann auch jeder mitreden, und selbst wenn man vom Kochen gar keine Ahnung hat, kann man sich immer noch als begeisterter Genießer an jedem derartigen Gespräch beteiligen.

Diäten

Eng mit dem eben behandelten Essen verbunden ist das Thema Diäten. Leider nimmt hier häufig der Sachverstand im selben Maße ab, wie die Leidenschaft dafür zunimmt, und der schon beim Essen erwähnte religiöse Aspekt siegt hier oftmals vollkommen über die Vernunft.

Schon Hippokrates – der oft als Begründer der wissenschaftlichen Medizin gefeierte griechische Arzt – hat sich etwa 400 Jahre v. Chr. Gedanken über die Diät gemacht. Für ihn war sie im Wesentlichen eine nach bestimmten Regeln geführte Art der Ernährung, und ihr wesentlicher Aspekt war die Förderung der Gesundheit. Es ist darum schon bemerkenswert, dass es bei den meisten heutigen Diäten in erster Linie ums Abnehmen geht und nur noch ganz wenig an die ursprüngliche hippokratische Idee der Gesundheitsförderung erinnert. Wer heute Diät sagt, meint in der Regel eine Reduktionskost – also eine Ernährung, bei der man Gewicht verliert und man die heimische Waage zumindest vorübergehend um ein mildes Urteil bitten kann.

Im Grunde kommt beispielsweise eine vegetarische Ernährung dem ursprünglich antiken Verständnis von Diät weitaus näher, als alles, was einem jede Woche neu aus dem Blätterwald entgegenspringt. In diesen Zeitschriften wird eine Gewichtsabnahme von locker zwanzig Kilogramm in einem Zeitraum versprochen, von dem jeder bei halbwegs klarem Verstand weiß, dass dies nur mit dem Skalpell zu schaffen ist.

Auch die fleisch- und eiweißbetonte Ernährung eines Kraftsportlers ist in diesem ursprünglichen Sinne eine Diät. Denn auch sie unterwirft sich sehr strengen Regeln, wenn auch der gesundheitliche Aspekt hier eher zur Nebensache wird. Aber über die gesundheitlichen Folgen der jeweiligen Diäten gibt es ohnehin genauso viele Meinungen wie Diätspezialisten.

Damit gehören Diäten zu den wenigen Themen, die in einem Small Talk vorkommen dürfen, obwohl sie häufig verschiedene Meinungen zu Tage bringen. Aus meiner Erfahrung sollte man bei sehr unterschiedlichen Grundeinstellungen zwar die eigene Meinung äußern, aber nur, wenn man zugleich die Meinung des anderen respektiert. Auch wenn Sie also auf Ihre Diät schwören, sollten Sie anständig und manchmal auch neugierig genug

Diät als Small-Talk-Thema gelingt nur mit genügend Respekt vor der Meinung des anderen.

sein, sich die Ansicht oder die Rezepte eines Andersdenkenden anzuhören, solange er seinerseits auch keinen Versuch macht, Ihre Überzeugung anzugreifen oder schlecht zu machen.

Wohldosierte Komplimente

Natürlich können Sie keinen Small Talk mit Komplimenten füllen, aber Sie können ihn damit beginnen. Wichtig ist, dass das Kompliment glaubhaft wirkt beziehungsweise dass sein Empfänger annehmen darf, dass Sie es ehrlich meinen. Dass sich mancher beim Empfang eines Komplimentes ziert, spielt keine Rolle. Das gehört zum gesellschaftlichen Rollenspiel.

Übertreiben bei Komplimenten

Wenn Sie ein Kompliment übertreiben, dann machen Sie es am besten gleich so gründlich, dass es schon wieder komisch wird. Als ich eines Tages in der Wüste Nordafrikas den einzigen Baum im Umkreis von zehn Kilometern im Rückwärtsgang umgefahren hatte, reagierte mein Reisegefährte mit einem laut gerufenen „Das hast du aber gut gemacht!". Hier galt: Wer den Schaden hat, braucht für den Spott nicht zu sorgen.

Wohldosierte Komplimente können sich auf Aussehen, Leistung, ungewöhnliche Fertigkeiten oder allgemein auf vorteilhafte persönliche Veränderungen beziehen. So hören es Übergewichtige ungemein gerne, wenn man ihnen attestiert, dass sie abgenommen haben – auch wenn das bisherige Ergebnis vielleicht noch zu wünschen übrig lässt. Ohne eine zu starke Übertreibung kann auch eine Schmeichelei – im Grunde ja nichts anderes als ein überzogenes

Kompliment – eine wohltuende Wirkung auf den Empfänger haben. Insbesondere ältere Frauen freuen sich oft über das Kompliment, dass sie jünger aussehen, als sie sind. Man darf sie nur nicht gleich um Jahrzehnte jünger einschätzen. Ältere Männer sind in diesem Punkt bisweilen sogar noch eitler. So mancher Achtzigjähriger, der weiß, dass er für sein Alter noch recht fit ist, hat mich schon regelrecht herausgefordert mit der Frage: „Wie alt schätzen Sie mich denn?" In diesem Falle sollte man es mit Wilhelm Busch halten:

„Ich nahm die Wahrheit mal aufs Korn
und auch die Lügenfinten.
Die Lüge macht sich gut von vorn,
die Wahrheit mehr von hinten!"

Das Besondere an diesen Situationen ist jedoch, dass das Kompliment beziehungsweise die Schmeichelei erwartet oder sogar ersehnt wird. Auch hier ist also etwas Menschenkenntnis gefragt, sonst ergeht es einem schnell wie in Thomas Manns Roman *Joseph und seine* Brüder: „Papperlapapp. Rasple nicht Süßholz vor mir, denn ich bin nur ein ziehender Kaufmann (…)". Die zuckerhaltige Süßholzwurzel wurde früher zur Herstellung von Arzneien und Süßwaren geschabt oder geraspelt. Um in diesem Bild zu bleiben, sollte man also die Schmeichelei so wohl dosieren wie ein Apotheker die Wirkstoffe bei der Herstellung von Medikamenten.

Mit Vorsicht: der Beruf

Etwas boshaft gefragt: Sind Sie sicher, dass Ihr Beruf für andere interessant ist? Es gibt zweifellos Berufe, die eine allgemeine Faszination ausüben. So etwa der Flugkapitän, der Feuerwehrmann oder – worüber man im Allgemeinen aber nicht reden darf – das Mitglied einer Spezialeinheit. Dann gibt es aber auch Berufe, die vor allem diejenigen spannend finden, die ihn ausüben. So können nach meiner Erfahrung Lehrer einen ganzen Abend mit anderen Lehrern über ihren Beruf sprechen, ohne zu merken, dass andere dieses Thema nach einer gewissen Zeit noch nicht einmal mehr langweilig finden. Und dann gibt es Berufe, die noch nicht einmal diejenigen interessant finden, die ihn ausüben. Ich werde mir hier rücksichtsvoll verkneifen, dafür ebenfalls Beispiele aufzuführen.

Kurz und gut: Wer seinen Beruf zum Thema eines Small Talks macht, der muss berücksichtigen, mit wem er spricht. Ansonsten sollte er sich genau überlegen, ob dieses Thema wirklich von so allgemeinem Interesse ist wie Hobbys oder Diäten.

Allgemeine Politik

Man sollte glauben, dass Politik im Small Talk fast so gefährlich ist wie Religion. Tatsächlich aber ist sie sogar eines der beliebtesten Themen an allen Stammtischen, gleichauf mit Fußball und anderen weltbewegenden Dingen. Möglicherweise liegt das daran, dass man sich in der religiösen Überzeugung eines anderen übel vertun kann und dass es in der Religion für die meisten Gläubigen Autoritäten gibt, gegen die man besser nicht antritt.

In Sport und Politik aber ist jeder seine eigene höchste Autorität. Keiner weiß es besser als der jeweilige Sprecher. Und so besteht der Small Talk oft auch darin, mehr oder weniger wichtig zu erklären, dass alle Politiker gut beraten wären, bei diesem Sprecher nachzufragen.

Die meisten wissen zudem durchaus, dass ein Small Talk über Politik mit völlig Fremden gefährlich sein kann. Umso ausgiebiger nutzen sie dann die Gelegenheit dazu im Kreise Gleichgesinnter. Infrage kommen aber auch Freunde, deren abweichende Ansicht man kennt und mit denen man sich im Sinne des Wortes mit wachsender Begeisterung streiten kann. Wenn man inhaltlich unterschiedlicher oder sogar entgegengesetzter Meinung ist, dies aber die Beziehung zwischen den Gesprächspartnern nicht beeinträchtigt, so haben wir hier nach dem Kommunikationswissenschaftler Paul Watzlawick „die menschlich reifste Form der Auseinandersetzung mit Unstimmigkeiten; die Partner sind sich sozusagen einig, uneins zu sein."

Tiere

Vorausgesetzt, Ihr Gesprächspartner ist in irgendeiner Form ebenfalls tierlieb, dann haben Sie hier eines der besten Small-Talk-Themen überhaupt. Es ist ja schließlich kein Geheimnis, dass so mancher vereinsamter Hundebesitzer seinen Partner gefunden hat, weil dieser zur gleichen Zeit mit seinem Hund des Weges kam und sich zumindest die beiden Hunde auf Anhieb riechen konnten.

Ich habe einmal in einer Weiterbildungseinrichtung gearbeitet, in der die Prüferin für die Buchhaltung etwa alle zwei Monate aus einer fünfzig Kilometer entfernten Stadt anreiste. Diese Frau war bei allen Führungskräften im Hause gefürchtet, und man prophezeite mir nach dem Motto „Sie werden schon sehen", dass ich mit dieser Frau ebenfalls Schwierigkeiten bekommen würde.

Als sie endlich kam, begrüßten wir uns artig, und bei dem nun folgenden Small Talk erwähnte ich ganz beiläufig, zu Hause zwei Papageien zu haben. Das machte ich damals auch bei jeder Seminareinleitung. Denn was passt besser zu einem Kommunikationsseminar als sprechende Papageien? In diesem Falle löste allerdings die Erwähnung, dass einer der beiden Vögel gesundheitliche Probleme hätte, eine sehr heftige Reaktion aus. Die gefürchtete Frau gestand mir ausführlich, dass sie mehrere Katzen habe, von denen ein Kätzchen sogar schwer krank sei. Von da an war unsere Beziehung besiegelt. Wir telefonierten nun regelmäßig miteinander, und keine Seite ließ es jemals aus, sich nach dem Wohl der Tiere des anderen zu erkundigen. Und ich kann mich nicht erinnern, dass mir diese Frau jemals einen Wunsch abgeschlagen hätte. Sie offenbarte mir sogar eines Tages, dass sie um ihren schlechten Ruf bei unseren restlichen Führungskräften wisse, aber dass diese in ihrer Arroganz keine bessere Behandlung verdient hätten.

Es ist faszinierend, dass es beim Thema Tiere fast keine Ausnahmen zu geben scheint. Ob Wellensittiche, Papageien, Hunde, Katzen, Pferde, Fische, so ziemlich alles, was da kreucht und fleucht, kommt für einen guten Small Talk infrage. Und selbst Tiere, die in der allgemeinen Sympathieskala nicht unbedingt den Spitzenplatz belegen, wie beispielsweise Schlangen oder Spinnen, sind allemal interessant genug, sie vielleicht nicht anzufassen, aber über sie zu reden.

Autos oder Motorräder

Kleine Jungs spielen Kartenspiele mit Autos oder sammeln Spielzeugautos. Erwachsene „Jungs" kaufen sich echte Autos oder reden zumindest darüber. Bei dieser Klientel liegt man also hiermit thematisch für einen Small Talk fast immer richtig.

Frauen hingegen haben zu Autos ein anderes Verhältnis. Zwar lieben manche Frauen ihr Auto mit einer ähnlichen, mit der Vernunft nicht fassbaren Hingabe wie mancher Mann und geben ihrem fahrbaren Untersatz sogar Kosenamen, aber es ist für sie meist kein Prestigeobjekt. Sie interessieren sich höchstens sehr pragmatisch für die technische Seite des Wagens, aber das ist kein Gesprächsstoff für einen angenehmen und unterhaltsamen Small Talk.

Schneiden Frauen das Thema Auto an, wird es schneller „abgehakt". Männer wiederum, auch wenn sie sich das erwünschte Statussymbol nicht leisten können, müssen zumindest ersatzweise darüber reden und wissen oft sogar die Reifengröße des Wagens, den sie nie fahren werden.

Bei Motorrädern werden recht deutlich die Grenzen der Thematik sichtbar. Hier ist die Zielgruppe viel kleiner, dafür aber der Gedankenaustausch umso intensiver.

Bei dieser Gelegenheit fällt vielleicht sogar manchem Autonarr auf, dass auch Autos nicht für jeden ein Gesprächsstoff sind. In meinem Bekanntenkreis gibt es sehr viele, die noch nie einen Führerschein besessen haben, und wie ich selbst schon erfahren musste, sind sie in der Lage, einen Small Talk zum Thema Auto erstaunlich schnell und offen mit dem Hinweis auf mangelndes Interesse zu unterbinden.

Gemeinsame Bekannte

Ein hervorragender Aufhänger für einen Small Talk sind gemeinsame Bekannte. Auf Partys ist das im Regelfall der Gastgeber, den man vielleicht im letzten Urlaub kennengelernt hat und zu dem man seitdem Kontakt hält. Ideal ist der alte Schulfreund, mit dem man schon so einiges erlebt hat oder mit dem man schon durch „dick und dünn" gegangen ist. Das kann bedeuten, dass man mit ihm vor vielen Jahren Dinge unternommen hat, die inzwischen verjährt sind und sich deshalb schon wieder für einen Small Talk eignen. Bemühen Sie sich aber, möglichst nichts Schlechtes über diesen gemeinsamen Bekannten zu sagen, es sei denn ihr Gesprächspartner geht in Vorlage: „Ach, Sie kennen den alten Gauner auch?"

Mitunter wird man sich hier durch ein ganzes Beziehungsgeflecht wühlen müssen, indem man jemanden kennt, der wiederum jemanden kennt, den der Gesprächspartner kennt. Machen Sie sich nicht die Mühe, so etwas grafisch aufzuschlüsseln, das sieht aus wie gemaltes Sauerkraut und ist nur etwas für Fachleute. Solche Beziehungsgeflechte erfasst man viel eher intuitiv, als sie bis ins einzelne aufzudröseln.

Kinder

Wenn Eltern unter sich sind, drängt sich dieses Thema förmlich auf. Es gibt eine Unzahl von Unterthemen, mit denen man den Small Talk in Gang halten kann. Wem sieht das Kind ähnlich? Was haben die Kleinen wieder ausgeheckt? Kann es schon laufen? Geht es in die Schule? Kommt es in der Schule klar?

Mit der letzten Frage berühren wir allerdings schon wieder eine Grenze des Small Talks. Wenn das Kind ernste Probleme in der Schule hat, also zum Beispiel unter Entwicklungsstörungen oder dem Zappelphilippsyndrom leidet, das bei immerhin bis zu fünf Prozent der Schulkinder vorkommt, so ist dies kein Thema für eine genüssliche Unterhaltung. Je nachdem, mit wem man sich darüber unterhält, wird die Botschaft vielleicht mit üblen Entstellungen weitergereicht. Typische Kinderkrankheiten und alltägliche Probleme in bestimmten Schulfächern sind hingegen auf unproblematische Weise interessant.

Einstein als Schüler

Der gern zitierte Hinweis, dass selbst Einstein ein schlechter Schüler gewesen sei, wiederum kann als Trost für verpatzte Noten nicht herhalten, weil er schlicht falsch ist. Einstein machte sich aufgrund seiner Intelligenz über seine Lehrer lustig und damit unbeliebt, aber gerade wegen seiner Begabung konnten sie ihm nichts anhaben. Das nur als ein kleiner Beitrag für Ihren nächsten Small Talk.

Ansonsten sind Kinder ein unerschöpfliches Thema. Achten Sie jedoch darauf, es nicht zu übertreiben! Das kann leicht passieren, wenn sich in der Small–Talk-Runde Menschen ohne Kinder befinden. Auch diese interessieren sich zwar zumeist für Kinder, aber natürlich nicht mit der Hingabe und Leidenschaft, wie Eltern es tun.

Witze

Solange man es nicht allzu aufdringlich macht, werden Witze zumeist gerne gehört. Dass man sich allerdings auch hier an die allgemeinen Benimmregeln hält, ist selbstverständlich. So platzt man nicht in eine ernste Unterhaltung mit der Einleitung hinein: „Übrigens, kennen Sie den schon?" In dem berühmten Film *Die zwölf Geschworenen* kommt ein Verkäufer vor, der mitten in der Diskussion über die Schuld an einem Mord Witze erzählen will. Die anderen machen ihm daraufhin sehr schnell klar, dass sein Versuch, eine im Sinne des Wortes todernste Verhandlung in einen Small Talk zu verwandeln, jetzt wirklich nicht ankommt.

Beim Witze-Erzählen ist es sehr wichtig, dass ein Witz nicht nur aus der Perspektive des Sprechers witzig ist, sondern auch aus der des Zuhörers. So verzichtet man sicherheitshalber bei strenggläubigen Katholiken auf Papstwitze, bei Ärzten auf Arztwitze, bei Frauen auf frauenfeindliche Witze und – sofern man sein Publikum nicht kennt – ganz allgemein auf Witze unterhalb der Gürtellinie. Man kann das Thema Sex allerdings auch so charmant verpacken, dass es sogar auf Moralapostel nicht anstößig wirkt, wie der allerdings nur schriftlich zu verstehende Spruch zeigt: „Er wollte 6, doch sie gab 8." Männer hingegen stecken bei Witzen auf ihre Kosten zumeist recht viel ein und vertragen problemlos Witze wie: „Die drei größten Krisen im Leben eines Mannes: Frau weg, Job weg, KRATZER IM LACK."

Aber wie bei der Unterscheidung von Medikament und Gift, entscheidet auch hier die Dosis darüber, ob Witze witzig sind. Es mag sinnvoll sein, einen Small Talk durch Witze aufzupeppen, ein Wettstreit im Witze-Erzählen ist allerdings kein Small Talk mehr, sondern eine Inszenierung. Das gilt besonders, wenn in der Runde Menschen zusammenstehen, die zu ihrem eigenen Bedauern selbst keinen einzigen Witz zum Besten geben können.

Übungen

Wie lenkt man einen Small Talk auf ein bestimmtes Thema? Hier können Sie an verschiedenen Beispielen üben, mit welchen Sätzen Sie am besten einen Small Talk beginnen.

Beispiel Hobbys

a) „Ich weiß ja nicht, ob Sie sich für Briefmarken interessieren, aber erinnern Sie sich noch an die blaue Mauritius?"

b) „Also, ich habe zu Hause drei Computer stehen und die schraube ich schon gar nicht mehr zu, man hat ja ständig was daran zu basteln."

c) „Ich sammle Kuckucksuhren und habe schon zwanzig Stück. Nur aufziehen darf ich die nicht, dann bekomme ich Ärger mit meiner Frau."

Meine Meinung:
Zu a): Das Interesse an Briefmarken ist heute zwar bei Weitem nicht mehr so verbreitet wie vor dreißig Jahren, aber dass die blaue oder orangefarbene Mauritius den Wert einer Nobelvilla hat, ist vielen entweder bekannt oder macht diese Marke auch für ansonsten Uninteressierte spannend.

Zu b): Wenn Sie damit zufällig auf einen seelenverwandten Computerfreak treffen, haben Sie ein Thema, das für ein dutzend Small Talks reicht. Ansonsten aber werden Sie damit bei Ihrem Gesprächspartner eher Fluchtwünsche auslösen – was übrigens ganz besonders bei denen geschehen kann, die Computer nicht als Hobby, sondern als Beruf haben.

Zu c): Nur sehr höfliche Naturen werden hierauf mit einem Small Talk reagieren. Von den anderen riskieren Sie unter Umständen leicht zweifelnde Blicke und eventuell sogar ein unausgesprochenes Verständnis für Ihre Frau.

Beispiel Musik

a) „Ich spiele übrigens leidenschaftlich gerne Trompete, aber leider kann ich zu Hause nicht üben. Das machen die Nachbarn nicht mit."

b) „Wissen Sie, dass Beethoven erst mit der dritten Sinfonie zur Form einer eher monumentalen und heroischen Sinfonie fand?"

c) „Also ich kann mit der Musik der heutigen Jugend nichts anfangen."

Meine Meinung:

Zu a): Dieses Thema hat den Vorteil, dass Sie damit etwas von sich preisgeben, aber den Nachteil, dass nur wenige etwas davon verstehen. Für letztere reduziert sich das Gespräch beinahe zwangsläufig auf die bloße Lärmbelästigung, und es ist fraglich, ob das das Thema Ihres Small Talks sein sollte.

Zu b): Beethoven-Fans werden das schon wissen, und bei den anderen wird die Reaktion eher verhalten bis fluchtartig sein.

Zu c): Unabhängig vom dem eher harmlosen Thema ist hier der negative Einstieg das Problem. Angeblich kann man über Geschmack nicht streiten, tatsächlich aber ist eher das Gegenteil der Fall. Und gerade bei Musik treffen nur ganz selten zwei Menschen selbst aus der gleichen Generation mit demselben Musikgeschmack zusammen. Aber streiten und streiten ist ja zweierlei. Eine Auseinandersetzung kann mit der Erkenntnis enden, dass man in diesem Punkt keine objektiven Kriterien hat und deshalb den anderen niemals überzeugen wird. Dann gilt es unterscheiden zu können, ob ich nur den Geschmack des anderen nicht teile oder ob ich ihn nun auch als Person nicht mag. Mit anderen Worten: Beginnen Sie einen Small Talk nur dann mit solchen kritischen Worten, wenn Sie inhaltliche und persönliche Differenzen auseinanderhalten können.

Beispiel Sport

a) „Kennen Sie schon den neuesten Dopingfall?"

b) „Also ich bewundere ja diese Triathleten. Die haben eine sagenhafte Kondition."

c) „Ich habe immer noch Muskelkater vom Sport vor drei Tagen."

d) „Treiben Sie eigentlich Sport?"

Meine Meinung:

Zu a): Unsere Boulevardpresse und das Fernsehen machen es uns täglich vor: Vor allem schlechte Nachrichten sind interessante Nachrichten. Ein Fehlverhalten ist allemal spannender als die Feststellung, dass alles richtig gemacht wurde. Insofern ist das Doping ein guter Einstieg in das Thema Sport, wenngleich man dann möglicherweise die Kurve zum „richtigen" und „sauberen" Sport nicht mehr kriegt. Aber es geht ja auch nur um einen Small Talk.

Zu b): Wenn der andere Ihre Bewunderung in irgendeiner Form teilt, funktioniert dieser Einstieg problemlos. Ist das allerdings nicht der Fall, werden Sie damit kaum ins Gespräch kommen.

Zu c): Wie schon im vorigen Beispiel ist der Einstieg über die eigene Person in vielen Fällen Erfolg versprechend. Zumindest fordern Sie jetzt die Neugier Ihres Gesprächspartners heraus, und er wird wahrscheinlich fragen: „Was für einen Sport machen Sie denn?"

Zu d): Diese Eingangsfrage ist zwar weder elegant noch sehr Erfolg versprechend, dafür aber risikolos. Wenn der andere Sport treibt, so wird er Ihnen das gerne erzählen und Sie haben den gewünschten Small Talk. Ist er hingegen ein „Sesselathlet", der Sport wenn überhaupt nur aus dem Fernsehen kennt, so wird er das nach meiner Erfahrung ohne große Hemmungen zugeben, und Sie beschränken sich nun ebenfalls aufs Fernsehen oder Sie suchen sich ein anderes Thema.

Beispiel aktuelle Geschehnisse

a) „Wussten Sie schon, dass die Piraten vor Somalia ein französisches Kriegsschiff angegriffen haben?"

b) „Wie ist das Spiel von Bayern München gestern ausgegangen?"

c) „Heute morgen waren die Straßen mal wieder rundherum voll!"

Meine Meinung:

Zu a): Diese Nachricht gab es wirklich, und weil ich im Internet als erster darüber erfahren hatte, konnte ich damit mit fast jedem ins Gespräch kommen. Praktisch jeder reagierte mit: „Ist das wahr?", gefolgt von: „Und wie ist das ausgegangen?" Dieses Geschehnis war natürlich nicht nur hochaktuell, sondern auch irgendwie witzig. Wenn man bedenkt, dass es zudem das französische Flaggschiff war, werden sich wahrscheinlich sogar die französischen Soldaten vor Lachen gebogen haben.

Zu b): Nicht jeder ist ein Fußballfan, aber das kann man bei diesem versuchten Small Talk verschmerzen. Diese Frage nimmt einem keiner übel. Aber selbst wenn man damit auf einen Gesprächspartner mit größeren Kenntnissen trifft, fällt die Antwort unter Umständen extrem kurz aus: Vielleicht beschränkt sie sich auf die Mitteilung von zwei Zahlen. Mehr Small-Talk-Erfolg verspricht die Frage: „Haben Sie gesehen, wie sich die Bayern gestern im Fußball geschlagen haben?"

Zu c): Das ist nur sehr bedingt für einen Small Talk tauglich. Denn entweder hat der Gesprächspartner ebenfalls im Stau gestanden, oder es betrifft ihn nicht. Ich habe Ähnliches erlebt, wenn ich bei meiner Ankunft über die Verspätung der Bahn geschimpft habe. Beide Themen sind hochgradig alltäglich und damit verbraucht, auch wenn man selbst emotional immer wieder voll betroffen ist.

Beispiel Urlaub

a) „Mensch, ist das wieder ein Stress heute. Und dann noch das Wetter. Ich wünschte, ich hätte jetzt Urlaub!"

b) „Übrigens, in unserem letzten Urlaub hatten wir „all inclusive" gebucht. Also, das kann ich wirklich nicht empfehlen."

c) „Es geht doch nichts über einen Urlaub im Süden!"

Meine Meinung:

Zu a): Wahrscheinlich sprechen Sie den meisten Menschen aus dem Herzen, zumindest wird es ein breites Verständnis für diese Art von Äußerungen geben. Und wenn der Gesprächspartner tatsächlich anderer Auffassung sein sollte, ist das wahrscheinlich sogar die bessere Chance für einen Small Talk.

Zu b): Vorsicht, solche Verallgemeinerungen sind weder sachlich noch emotional statthaft. Zum einen verantwortet halt jedes Hotel sein eigenes Menü, zum anderen sind die Geschmäcker nun einmal verschieden. Schauen Sie sich einfach einmal die Hotelbewertungen im Internet an! Bei solch absoluten Feststellungen droht wenn schon kein Streit, aber jedenfalls kein angenehmer Small Talk!

Zu c): Im Gegensatz zu der Aussage im Beispiel b) sind Sie hiermit auf der positiven Seite der Kritik. Sollte ihr Gesprächspartner jetzt eine andere Ansicht vertreten, so ist er nicht in der Not, Ihren Standpunkt anzugreifen, sondern braucht Ihnen nur zu erzählen, welche schönen Seiten auch ein Urlaub im Norden haben kann. Die Unterhaltung bleibt somit das, was ein Small Talk stets sein sollte: angenehm.

Beispiel Diäten

a) „Sie sehen ja ganz schön kräftig aus, haben Sie schon mal an eine Diät gedacht?"

b) „Sie sind zu fett. Sie müssen eine Diät machen!"

c) „Kennen Sie die Kartoffel-Diät?"

d) „Ich mache zurzeit eine Diät. Haben Sie auch schon mal eine gemacht, oder sehen Sie von Hause aus so schlank aus?"

Meine Meinung:

Zu a): Das nennt man mit der Tür ins Haus fallen! Wenn man sich gut kennt, mag das noch angehen, aber ansonsten ist das eher taktlos.

Zu b): So bin ich tatsächlich bei meinem ersten Besuch bei einem Hals-Nasen-Ohren-Arzt empfangen worden. Schneller kann sich der andere nicht unbeliebt machen. Ich habe dem Mann zu seiner großen Überraschung damals recht deutlich mitgeteilt, dass er sich um das kümmern soll, was er auf seinem Praxisschild stehen hat, und diesen eitlen Geck selbstverständlich nie wieder aufgesucht.

Zu c): Mit einer offenen Frage kann man nur selten etwas falsch machen. Wahrscheinlich kommt jetzt entweder die Gegenfrage: „Nein, wie funktioniert die denn?" oder die Antwort: „Ja, aber ich hatte damit keinen großen Erfolg." In beiden Fällen ist man im Gespräch.

Zu d): Bei sich selbst anzuknüpfen ist meistens ein guter Trick. Mit der anschließenden Frage allerdings sollte man vorsichtig umgehen. Sie muss als Kompliment zumindest halbwegs glaubhaft sein.

Beispiel Tiere

a) „Kennen Sie eigentlich den Klugen Hans? Das war ein Pferd, das rechnen konnte. Er hat die richtige Zahl sogar bei komplizierten Aufgaben mit seinen Hufschlägen angezeigt."

b) „Ich habe neulich gelesen, dass das Erbgut der Bonobos zu über 99 Prozent mit unserem übereinstimmt!"

c) „Also, ich habe zu Hause zwei Katzen, die sind total verschmust."

Meine Meinung:

Zu a): Der Kluge Hans konnte zwar nicht rechnen, aber er besaß eine außergewöhnliche Beobachtungsgabe: Er konnte aus den Körpersignalen des Fragenden die richtige Antwort entnehmen, sofern der Fragende selbst diese Antwort kannte. Wie auch immer, diese und ähnliche Wunder-Geschichten eignen sich zumeist hervorragend für einen Small Talk.

Zu b): Diese Übereinstimmung mit einer Menschenaffenart ist zwar ein faszinierendes Thema, aber achten Sie bitte darauf, mit wem Sie reden. Religiöse Eiferer könnten Sie dafür vor den nächsten Lastwagen stoßen. Ist Ihr Gesprächspartner hingegen offen genug, dann können Sie dieses naturwissenschaftliche Ergebnis noch mit der provozierenden Feststellung krönen: „Damit ist der Mensch offensichtlich das einzige Tier, das unglaublichen Unsinn reden kann. Den Tieren fehlen dafür lediglich die geeigneten Stimmbänder."

Zu c): Dies ist zwar eine sehr häufige Einleitung in ein Gespräch, doch ist Katzenliebe nun einmal nicht allgegenwärtig. Dennoch wird diese Bemerkung zumeist gut ankommen, weil Sie ja damit auch etwas über sich selbst mitteilen. Und ob Katzen, Hunde, Papageien oder Goldfische – die meisten Menschen sind tierlieb und sehen es einem darum nach, wenn man von einem Tier erzählt, das nicht die ungeteilte Sympathie des Zuhörers hat. Zeigt sich Ihr Gesprächspartner jedoch bei diesem Thema völlig ablehnend, so überlegen Sie einmal ganz nüchtern, warum Sie mit so jemandem überhaupt einen kleinen Small Talk führen sollten.

Beispiel gemeinsame Bekannte

a) „Sie kommen aus Düsseldorf? Dann kennen Sie womöglich den …?"

b) „Ihr Nachname kommt mir irgendwie bekannt vor. Haben Sie eventuell einen Verwandten gleichen Namens bei der Firma XY?"

c) „Ich habe vorhin gesehen, dass Sie ein bestimmtes Buch gelesen haben. Den Autor kenne ich übrigens persönlich!"

d) „Sie kennen den X? Das ist interessant, denn mit dem war ich auf der Schule zusammen."

Meine Meinung:

Zu a): Ich würde es selbst nicht glauben, wenn ich es nicht schon mehrfach erlebt hätte. Manche Zeitgenossen scheinen zu glauben, dass eine Stadt mit über einer halben Million Einwohner ein Ort ist, an dem jeder jeden kennt. Daraus wird jedenfalls kein Small Talk, sondern höchstens ein betont nüchternes: „Leider nicht."

Zu b): Das kann gelingen, und selbst wenn der andere verneint, so wird er es freundlich tun und ist damit frei für einen weiteren, aber anderen Versuch zum Small Talken.

Zu c): Dieser Einstieg ist schwer zu beurteilen. Der ein oder andere mag begeistert sein, jemand kennenzulernen, der den Autor kennt, und andere werden eher abweisend reagieren. Die Reaktionen werden darum von „Ach sagen Sie, wie ist er denn so?" bis „Was Sie nicht sagen!" reichen.

Zu d): Das ist eine Steilvorlage für einen guten Small Talk.

Beispiel Witze

a) „Kennen Sie den schon …?"

b) „Also, ich kann mir leider einfach keine Witze merken."

c) „Lachen ist die kürzeste Verbindung zwischen zwei Menschen."

d) „Wo wir gerade bei der Geldanlage sind. Also, ich möchte mein Geld in Steuern anlegen. Ich habe gehört, dass die demnächst steigen werden."

e) „Sagt eine Blondine zur anderen …"

Meine Meinung:

Zu a): Bitte nicht! Das ist einfach zu plump, da ist schon die Einleitung alles andere als witzig.

Zu b): Damit sind Sie in guter Gesellschaft! Das schadet nichts, bringt allerdings auch das Gespräch zu diesem Thema nicht weiter.

Zu c): Dieser Spruch des Humoristen Victor Borge ist jedenfalls eine gute Rechtfertigung, um jetzt mit ein paar guten Witzen weiterzumachen.

Zu d): Das ist die Kunst mit einem guten „Aufhänger" in einen Witz zu starten! Man verlässt das Thema nicht, lockert es aber ungemein auf.

Zu e): Das ist so abgegriffen, dass selbst Blondinen ihn nicht mehr übelnehmen. Eine andere Frage ist, ob das noch jemand komisch findet, denn Witze über bestimmte Teile einer Bevölkerung laufen sich nach einigen Jahren einfach tot.

Welche Themen sind in einem Small Talk gefährlich oder unangebracht?

Es ist zwar schon blamabel genug, mit seinem Small Talk ins Fettnäpfchen zu treten, noch schlimmer ist es allerdings, sich mit dem falschen Thema zum verbalen Grobian zu machen. In einem solchen Fall kann die Gegenseite sich bloß abwenden oder mit einem handfesten Streit reagieren.

Krankheiten

So unterhaltsam die üblichen Zipperlein sind, so wenig eignen sich insbesondere die bildhafte Schilderung von Ausschlägen und Darmvorgängen für einen Small Talk. Anders verhält es sich, wenn Sie auf jemanden treffen, mit dem Sie Ihre gegenseitigen Krankheiten bereits hinlänglich ausgetauscht haben. Dann wird oft sogar erwartet, dass Sie sich bei einem zufälligen Aufeinandertreffen nach dem neuesten Stand der Erkrankungen erkundigen.

Wenn nun aber jemand auf die übliche Frage nach dem Wohlergehen schlicht und einfach wahrheitsgemäß mit seiner Krankheit antwortet, so wird man auch das hinnehmen müssen. Es zeugt nicht gerade von viel Sensibilität, die Krankheit des Gesprächspartners sofort mit den eigenen Krankheiten zu kontern und so in einen Wettstreit einzusteigen, wem es wohl am schlechtesten geht.

Aber die Zeiten ändern sich, und wenn einem in Illustrierten, im Fernsehen und im Internet und in letzter Zeit auch in seriösen Nachrichten praktisch täglich Themen wie Aids, Schweinegrippe und andere Geiseln der Menschheit vor Augen geführt werden, macht das das Thema Krankheit langsam salonfähig.

Religion

Ich habe beim Thema Politik schon darauf hingewiesen, dass es hier eine Besonderheit gibt. Denn beim Thema Religion existieren Autoritäten, mit denen man unweigerlich zusammenprallt, sobald man die Religion eines anderen auch nur ansatzweise infrage stellt. Dabei ist es unerheblich, ob es sich dabei um Jesus, Mohammed, Buddha oder den Papst handelt. Man hat immer unzählige Möglichkeiten, sich gewaltig in die Nesseln zu setzen und den Gläubigen gegen sich aufzubringen.

Heben Sie sich also zum Beispiel Ihren Papstwitz besser für Leute auf, deren Ansicht dazu Sie kennen und teilen.

Was aber ist, wenn der andere dieses Reizthema in die Welt setzt? Soll man dann wirklich das Gespräch verweigern? Nur wenige sind in diesem Thema wirklich geübt, etwa gut ausgebildete Missionare oder Theologen. Für die allermeisten bietet sich hier statt des Small Talks und statt der Verweigerung eher die Kunst des guten Zuhörens an. Vielleicht entdeckt man ja sogar Gemeinsamkeiten, über die man dann gefahrlos miteinander sprechen kann.

Ich habe mich mal auf einer Kreuzfahrt mit einem Rabbi stundenlang über Religion unterhalten und wir verstanden uns trotz unterschiedlicher Auffassungen blendend. Vorausgegangen war allerdings, dass er auf Deck bereits zum fünften Mal offenkundig suchend an mir vorbeigelaufen war, ich ihn deshalb gefragt hatte, ob ich ihm helfen könne, und er schließlich erschöpft neben mir Platz genommen hatte, weil er vergeblich nach seiner Frau gesucht hatte. Die hatte sich zwischenzeitlich ins Innere des Riesenschiffes zurückgezogen. Wir kamen dann irgendwie auf unsere Berufe zu sprechen, und als er erfuhr, dass ich unter anderem Vorlesungen gebe, sprach er mich auf die Schwierigkeit der Vermittlung moralischer Werte an. Das Thema Religion war nun nicht mehr fern.

Eine einfühlsame Unterhaltung über religiöse Fragen kann erbaulich sein.

Daraus zu schließen, dass das Thema Religion in einem Small Talk ungefährlich sei, wäre jedoch voreilig. Erstens hatten wir beide uns sehr elegant diesem Thema genähert, und zweitens war das Ergebnis eine philosophische Diskussion und kein Small Talk mehr.

Bei einem Small Talk können Sie mit dem Thema Religion gewaltig ins Fettnäpfchen treten, und zwar nicht nur, wenn der Gesprächspartner hier eine andere Ansicht vertritt und bei diesem Thema überhaupt keinen Spaß versteht, sondern mehr noch, wenn sie einfach nur Zweifel äußern. So warnt schon der Philosoph und Mathematiker Bertrand Russell aus eigener Erfahrung: „Die Menschen hassen Skeptiker weit mehr als fanatische Vertreter von Ansichten, die ihren eigenen widersprechen."

Abstrakte Theorien

Können Sie sich vorstellen, dass ein Small Talk beginnt mit: „Also, ich verstehe immer noch nicht, warum die Lichtgeschwindigkeit nach Einstein die höchst mögliche Geschwindigkeit sein soll!" Ich fürchte, bei solchen Themen steht man sehr bald recht alleine auf weiter Flur, während sich die potenziellen Zuhörer mit irgendwelchen fadenscheinigen Ausreden aus dem Staub gemacht haben. Wenn man schon Bezug auf solche Theorien nehmen will, so muss man das Abstrakte wegnehmen und die Botschaft in die Form guter Beispiele gießen.

Der Gebrauch von Beispielen hat bereits in der Schule eine pädagogische Bedeutung. So werden selbst abstrakte und komplizierte Theorien durch treffende, einfache und anschauliche Beispiele verständlich, und trockene, theoretische Vorträge werden durch gute Beispiele erst lebendig und erträglich. Warum beispielsweise werden in einem guten Chemie- und Physikunterricht so viele Experimente durchgeführt? Offenbar ist dies die einzige Methode, ansonsten überwiegend aus einem Wust von Formeln bestehende Wissenschaften für die Schüler anschaulich und im wahrsten Sinne des Wortes begreifbar zu machen. In meiner Schulzeit honorierten wir diese Bemühungen unserer Lehrer mit dem gut gemeinten Spotvers: „Chemie ist das, was kracht und stinkt, Physik ist das, was nie gelingt."

Wenn man beispielsweise unserer Bevölkerung das Drogenproblem vor Augen führen möchte, so kann man das mit der hinlänglich bekannten Statistik über Drogenfunde der Polizei und die Zahl der Abhängigen versuchen. Die machen sich auf dem geduldigen Stück Papier leider fast so eindrucksvoll wie eine Verordnung zur Einfuhr von Apfelsinen in die Europäische Union. Als man zu diesem Thema jedoch den beklemmenden Spielfilm *Die Kinder vom Bahnhof Zoo* drehte, in dem lediglich das grausame Schicksal von einigen wenigen Abhängigen hautnah dargestellt wurde, entfachte man damit eine breite gesellschaftliche Diskussion. Damit wird aber auch zugleich die Gefahr von guten Beispielen deutlich: Sie haben eine ausgesprochen hohe Überzeugungskraft. Aber ein Small Talk ist eben keine wissenschaftliche Diskussion,

Im Small Talk sind anschauliche Beispiele gefragt.

und hier darf man die Tatsache, dass die gleiche Menge Eis ein größeres Volumen als die gleiche Menge Wasser hat, ruhig mit der Existenz von Eisbergen und dem Untergang der Titanic veranschaulichen.

Übungen

Dinge anschaulich zu erklären oder darzustellen, können Sie üben:

a) Bringen Sie ein anschauliches Beispiel für die Formel: Druck = Kraft/Fläche!

b) Wie kann ich einem Kind das Gesetz der Schwerkraft verdeutlichen?

c) Wie kann ich zeigen, dass Arbeit stets so lange dauert, wie man es zulässt?

Lösungsvorschläge:

Zu a): Nehmen Sie einen angespitzten Bleistift und drücken Sie einmal mit dem Daumen auf die angespitzte Vorderseite und ein anderes Mal mit gleicher Kraft auf die flache Hinterseite.

Zu b): Nimm einen Ball und lass ihn los. Auf der ganzen Welt wirst du sehen, dass er nach unten (für Fortgeschrittene: Richtung Erdmittelpunkt) fällt.

Zu c): Pikanterweise mit einem physikalischen Gesetz: Arbeit ist wie ein Gas. Und Gas dehnt sich stets so lange aus, bis es den ihm zu Verfügung stehenden Raum vollständig ausgefüllt hat.

Intime Informationen

Verstehen wir unter intimen zugleich vertrauliche Informationen, dann ist unmittelbar klar, dass diese nichts in einem Small Talk zu suchen haben. Die Weitergabe solcher Informationen mag zwar beim Zuhörer höchsten Genuss auslösen, ist aber ein eindeutiger Vertrauensbruch demjenigen gegenüber, auf den sich diese Informationen beziehen oder von dem Sie sie haben.

Ein gänzlich anderer Aspekt ist der, dass sie selbst intime Informationen über sich preisgeben. Letztlich müssen Sie mit den Folgen einer solchen Offenheit leben. Insbesondere bei reichlich genossenem Alkohol löst sich schnell die Zunge. Im günstigsten Falle können Sie dann die gebeichteten Intimitäten wegen alkoholischer Vernebelung widerrufen. Sehr glaubwürdig ist ein solches Dementi aber leider nicht.

Also achten Sie lieber darauf, wem Sie welche Geheimnisse anvertrauen, und schenken Sie Ihr Vertrauen nur denen, die auch vertrauenswürdig sind. Verfallen Sie aber auch nicht ins andere Extrem. Denn so steht es schon bei Wilhelm Busch:

„Wer durch des Argwohns Brille schaut,
sieht Raupen selbst im Sauerkraut."

Klatsch und Tratsch

Der sogenannte informelle Informationstausch hat sowohl Vorteile als auch Tücken. Hier spricht man nicht über etwas, sondern über andere. Und im Gegensatz zu den intimen Informationen, von denen eben die Rede war, verbindet sich damit schon fast die Erwartung, dass das Gesagte weitergetragen wird. Der Wahrheitsgehalt ist schwer zu überprüfen und im Gegensatz zum Unterhaltungswert auch schon fast nebensächlich.

Es gibt ja sogar eine „Klatschpresse", in der zuweilen bis auf die Fotos fast alles „erdichtet" ist. Hauptakteure in diesen Geschichten sind stets Prominente, also Personen allgemeinen Interesses. Damit definiert sich der Klatsch quasi selbst: Wer nicht Gegenstand von Klatsch und Tratsch ist, ist auch nicht prominent. Wen wundert es da noch, wenn manche Möchte-gern-Prominente so manchen Unfug unternehmen und so manches Gerücht in die Welt setzen, damit über sie gesprochen wird?

Doch nicht nur der weltbewegende Klatsch und Tratsch in der Zeitung, sondern auch der alltägliche Kaffeeklatsch verschafft einem eine angenehme Flucht vor den wirklichen Problemen. Auch hier gilt allerdings, dass Gerüchte ein größeres Interesse wecken als Tatsachen.

Der wohlige Schauer beim Tratschen rührt auch daher, dass man die Wahrheit selten kennt und man sich phantasievoll der Vorstellung hingibt, dass das Gesagte immerhin möglich ist. Spätestens, wenn die Kommunikationskette etwas länger ist, weiß ohnehin keiner mehr, wie alles begann, und man nimmt das Gesagte als Wahrheit und verbreitet es auch als Wahrheit weiter.

Im Grunde könnte man das alles mit einem Lächeln in das Kapitel menschlicher Schwächen einordnen, gäbe es da nicht auch die böse Seite des Tratsches. So kann manches Gerücht regelrecht zum Rufmord führen und dieser wiederum, je nach Leidensfähigkeit des Opfers, zum Selbstmord. Bei dem berühmten Mobbing etwa verbreitet man vorrangig bösartige Gerüchte, die man – zur Rede gestellt – natürlich nicht selbst in die Welt gesetzt hat. Schlagzeilenabhängige Zeitungen pflegen sich in solchen Fällen rechtlich abzusichern, indem sie hinter das Gerücht ein Fragezeichen setzen. Leider bleibt dieses Fragezeichen beim Klatsch und Tratsch aber auf der Strecke.

Klatschen und tratschen Sie also im Small Talk, so viel es Ihnen Spaß macht, aber vergessen Sie bitte nie, das verlorene Fragezeichen wieder einzufügen, wenn der Tratsch ins Negative abgleitet.

Angebereien

Der Humorist Heinz Erhard meinte einst: „Manche Menschen wollen immer glänzen, obwohl sie keinen Schimmer haben." In der Tat ist der äußere Schein zumeist recht durchsichtig, und wenn das Imponiergehabe erst einmal auffällt, hat man sich unsterblich blamiert.

Es liegt allerdings in der Natur des Angebers, dass ihm selbst der erlittene Gesichtsverlust lange Zeit verborgen bleibt, weil er wie das Zitat schon sagt „keinen Schimmer hat".

Übungen

Entgegnen Sie folgenden Small-Talk-Angebereien:

a) „Also, mein Sohn schreibt auf der Schule nur Einsen!"
b) „Wir fahren nicht nach Mallorca. Da fährt ja jeder hin!"
c) „Für so etwas haben wir natürlich einen Gärtner."
d) „Wir fahren grundsätzlich nur einen Mercedes."
e) „Also, wir brauchen mindestens zwei Autos."

Lösungsvorschläge:

Zu a): „Komisch, mein Sohn muss aber schon ganze Sätze schreiben."
Zu b): „Das ist ja das Schöne. Da kann ich auch fast jeden nach dem Weg fragen, wenn ich mich verfahren habe."
Zu c): „Den wollte ich auch. Aber meine Frau meint, ich müsse auch zu etwas zu gebrauchen sein."
Zu d): „Das ist doch die Firma, wo man bei einer Panne deutlich bequemer sitzt als in einem Toyota, oder?"
Zu e): „Ich bin schon froh, wenn ich eins fahren kann."

Lügen

Jeder Lügner auf dieser Welt steht vor einem großen Problem: Er muss sich jede seiner Unwahrheiten merken. Bei der Wahrheit ist das einfacher. An die muss man sich nur erinnern.

Der mir persönlich bekannte Richter Söhnchen sagte einmal in geselliger Runde in Bezug auf das verständliche Verhalten von Angeklagten, vor Gericht nicht die Wahrheit zu sagen: „Wer mich belügen will, braucht mindestens zwei Gedächtnisse. Die meisten Menschen haben aber noch nicht einmal eins."

Wer also auch nur in einem Small Talk lügt, muss damit rechnen, dass ihn die Lüge eines Tages wieder einholt. Wenn Sie es schon mit der Wahrheit nicht ganz so genau nehmen, dann belassen Sie es bei einer Version, die so nahe bei der Wahrheit liegt, dass Sie sich notfalls mit einem schlechten Gedächtnis entschuldigen können oder mit dem Hinweis „es nicht so gemeint zu haben". Man bezeichnet dies im Gegensatz zur Lüge auch etwas liebevoller als Flunkern.

Nörgeleien

Dem Nörgeln haftet immer etwas Negatives an. Deshalb kommt es zunächst für den Small Talk nicht infrage, auch wenn notorische Miesmacher sich nicht an diese Regel halten (können).

Verziehen wird dem Nörgler allerdings dann, wenn seine Zuhörer den gleichen Charakterzug aufweisen. Eine solche Unterhaltung ist für andere Menschen aber schwer zu ertragen.

Eine weitere Ausnahme mag es dort geben, wo beispielsweise die Bundesbahn wieder einmal eine nur vage durchgegebene Verspätung hat, die sich auf der Anzeigetafel alle fünf Minuten verlängert, der fragliche Zug bereits seit über einer Viertelstunde am Bahnsteig steht, ohne dass sich die Türen öffnen lassen, und der Zugführer, der interessiert aus seinem Fenster schaut, auf Nachfragen erwidert: „Sie glauben doch hoffentlich nicht, dass ich mehr weiß als Sie?" Wenn sich nun der gesamte Bahnsteig in eine Massenansammlung von Nörglern verwandelt, dann ist das schlicht die einfachste Methode, mit dem persönlichen Frust fertig zu werden.

Bisweilen wird dem Nörgler zugutegehalten, dass er in seiner Unzufriedenheit Veränderungen fördert. Dafür jedoch ist eine Nörgelei nicht konstruktiv genug, ihr Ziel ist das „schlecht machen". Die konstruktivere Variante des Nörgelns bezeichnet man vielmehr als Kritik.

Ungebetene Ratschläge

Oft hat man ein Problem, über das man einfach nur einmal mit einem Menschen reden möchte. Und in der Tat reicht das sehr häufig für die Lösung des Problems:

- Es liegt einem nicht mehr so sehr auf der Seele, weil man es rausgelassen hat.
- Alle Menschen denken zunächst einmal nur ins Unreine. Indem wir einem anderen aber den Sachverhalt erklären, über den wir gerade nachdenken, müssen wir unsere Gedanken ordnen und in verständliche Worte fassen. Dabei kommt man in vielen Fällen der Lösung des Problems schon einen ganzen Schritt näher.

All dies wird aber zunichte gemacht durch einen Gesprächspartner, der in wohlmeinender Unachtsamkeit viel zu früh einen guten Ratschlag gibt.

Der andere hat nun das Gefühl, er dürfe nicht ausreden, und fühlt sich womöglich auch noch in seinen Gedanken auf das Ziel hin behindert.

Deshalb ist etwa in einer Psychotherapie eines der obersten Gebote, den anderen ausreden zu lassen und ihn bestenfalls durch gute Fragen so weit zu bringen, dass er seine Probleme selbst löst, zumindest aber selbst erkennt.

Am schlimmsten ist der Typ des Besserwissers, der schon dann gute Ratschläge verteilt, bevor er das Problem überhaupt begriffen hat. Noch schlimmer ist es, gute Ratschläge zu geben, obwohl man mit etwas Einfühlungsvermögen wissen müsste, dass der andere gar keine Ratschläge haben möchte. Ich hatte erst vor ein paar Tagen ein Gespräch mit einer Frau, die mir unbedingt ihre Lösung aufzwingen wollte und die partout nicht begreifen konnte, dass sie vollständig am Kern des Problems vorbeiredete. Aber sie war mit einem solchen moralischen Eifer von ihrer Lösung überzeugt, dass sie nicht wahrnehmen wollte oder konnte, dass sie weit vom Thema entfernt war. Ich habe mir in diesem Fall erlaubt, unseren Small Talk dadurch zu beenden, dass ich einfach das Zimmer verließ.

Passen Sie also auf, insbesondere in kürzeren Small-Talk-Gesprächen, zu schnell gute Ratschläge zur Hand zu haben. Bedenken Sie, dass Sie sich in diesem Falle wie ein Arzt verhalten, der einem Patienten ein Medikament verordnet, ohne mit ihm gesprochen, geschweige denn ihn untersucht zu haben.

Geld

Interessanterweise gibt es gerade zum Thema Geld eine Unzahl mehr oder weniger schlauer Sprüche, die teilweise sehr widersprüchlich sind. So heißt es einerseits „Über Geld redet man nicht, man hat es". Daraus müsste man schließen, dass dieses Thema für den Small Talk tabu ist und sich nur für die Diskussion mit dem Anlageberater eignet. Andererseits gibt es auch so kluge Sprüche wie „Von dem Geld, das wir nicht haben, kaufen wir Dinge, die wir nicht brauchen, um Leuten zu imponieren, die wir nicht mögen", was für einen Small Talk aber vielleicht schon zu tiefsinnig ist. Und dann gibt es hier auch noch Ausflüge ins Politische. So schreibt der slowenische Autor Žarko Petan: „Im Kapitalismus gibt es Leute, die bereit sind, für Geld alles zu tun, im Sozialismus tut man auch für Geld nichts." Für einen Small Talk ist das aber wiederum schon zu bissig, und zumindest wenn Sie einen überzeugten Sozialisten vor sich haben, haben Sie jetzt unnötigerweise einen Feind mehr.

Ist nun aber das Thema Geld für einen Small Talk ganz und gar ungeeignet, weil es entweder grundlegend untersagt ist, zu tiefsinnig wäre oder aber gegen die im Small Talk geforderte politische Neutralität verstößt?

In der Tat würde ich dazu raten, dieses Thema sicherheitshalber auszusparen. Auf der anderen Seite möchte ich es nicht versäumen, auf mögliche Ausnahmen zu verweisen: So zahlt man zum Beispiel der Redensart nach mit klingender Münze, weil früher die Echtheit von Silbermünzen dadurch überprüft wurde, dass man sie auf einen Marmortisch fallen ließ. Erzeugten sie dann einen hellen Klang, waren sie echt. Und die Moneten haben ihren Namen nach der römischen Göttin Juno Moneta, in deren Tempel die Gänse gehalten wurden, die mit ihrem Geschnatter Rom vor dem Angriff heranschleichender Gallier gewarnt und damit gerettet hatten. Moneta bedeutet daher ursprünglich die Warnerin. Die Bedeutung Geld kam erst dazu, weil das Standbild der Göttin mit dem Standort der römischen Münzstätte zusammenfiel. Wenn das keine Themen für einen Small Talk sind!

> Nur ein paar Ausnahmen zum Thema Geld eignen sich für den Small Talk.

Ironie und Sarkasmus

Sarkasmus ist bitterer und böser Spott. Er ist einseitig und zielt auf Vernichtung. Ironie zeigt mit einem guten Schuss Humor die Kehrseite des wörtlich Gesagten und überlässt es wesentlich dem Zuhörer, die wirkliche Botschaft zu entschlüsseln. Von Schopenhauers „Seit ich die Menschen kenne, liebe ich die Tiere" bis Heinrich Heines „Denk ich an Deutschland in der Nacht, bin ich um meinen Schlaf gebracht", zeigt sich, dass Ironie zwar kritisch sein kann, aber nicht bösartig ist. Sie entlockt dem Hörer oft sogar ein Schmunzeln. Bisweilen ist sie sogar einfach nur nett. Als ich einmal einen nach unten fahrenden Aufzug bestieg, begrüßte ich die bereits Anwesenden mit einem fröhlichen: „Von nun an geht es bergab", worauf eine Kollegin lächelnd erwiderte: „Aber Herr Zittlau, in Ihrer Gesellschaft ist das doch kein Problem!"

Sarkasmus hingegen ist oft gekoppelt an einen fast verzweifelt wirkenden Streit gegen das Kritisierte. Sehr deutlich wird das bei einem Autor, der beide Spielarten meisterhaft beherrschte, nämlich dem Philosophen und Mathematiker Bertrand Russell, der Zeit seines Lebens einen leidenschaftlichen Streit mit der Kirche führte. Als ihm eine Leserin für seine Autobiografie dankte, schloss sie ihren Brief mit dem Satz: „Gott habe ich schon gedankt". Russells Reaktion war ein Meisterwerk der Ironie: „… ich freue mich, dass Ihnen meine Autobiografie gefällt, doch verwirrt es mich, dass Sie Gott dafür gedankt haben, denn dies lässt vermuten, dass ER gegen mein Copyright verstoßen hat."

Bei einem Briefwechsel mit einem Pater zeigte er jedoch die verzweifelte Aggressivität des Sarkasmus: „Hätte die gegenwärtige Opposition der Kirche gegen die Geburtenkontrolle Erfolg, so würde das bedeuten, dass Armut und Hungertod für immer das Schicksal der Menschheit sind, es sei denn, die Wasserstoffbombe brächte Erleichterung."

Es muss nun wohl nicht mehr erläutert werden, dass Ironie durchaus für einen Small Talk geeignet ist, Sarkasmus jedoch nicht. Noch weniger taugt die arrogante Variante des Sarkasmus, der Zynismus: „Legen Sie ruhig los, bei Ihrem Talent werden Sie das auch noch kaputt kriegen!"

Übungen

Versetzen Sie folgende Äußerungen mit einem Schuss Ironie:
a) Gibt es Leben auf anderen Planeten?
b) Hunde, die bellen, beißen nicht.
c) Wer stets Sport treibt, lebt länger.
d) Sie werden noch an meine Worte denken!
e) Waren die Zerstörungen im Zweiten Weltkrieg nicht fürchterlich?

Lösungsvorschläge:

Zu a): Bis jetzt haben wir ja noch nicht einmal auf unserem Planeten welches gefunden.

Zu b): Umgekehrt: Hunde die beißen, bellen nicht, sie haben ja das Maul voll.

Zu c): Wer stets Sport treibt, stirbt gesünder.

Zu d): Einverstanden. Dazu gehört ja nicht viel.

Zu e): „Es ist ja eine Ironie des Schicksals, dass gerade in dem Lande, wo am meisten Heil gerufen worden ist, so wenig heil geblieben ist." (Werner Finck)

Small Talk und Körpersprache

Ob Sie eine Rede halten, einer hitzigen Diskussion beiwohnen oder einfach nur einen Small Talk machen wollen, Ihr Körper spricht immer mit. Das ist bisweilen recht problematisch, denn manchmal drückt der Körper ungewollt etwas anderes aus, als das, was man gerade in Worte fasst. Versuchen Sie darum, zumindest die gröbsten Patzer zu vermeiden.

Verlegenheitsgesten vermeiden

Es gibt Gesten, die selbst dem ungeschulten Beobachter signalisieren, dass sein Gegenüber unsicher ist. Meist macht man sie unbewusst, immer (von begnadeten Täuschern und Schauspielern einmal abgesehen) macht man sie ungewollt. Nun ist ein Small Talk zwar keine Auseinandersetzung, aber ein allzu unsicheres Auftreten weckt manchmal auch in ansonsten harmlosen Gesprächspartnern den Jagdinstinkt des Gegenübers. Das kann ein sonst womöglich nettes Geplauder zu einer sehr unangenehmen Situation machen, aus der man sich nur noch schwer befreien kann. Um Verlegenheitsgesten zu vermeiden, muss man sie sich zuallererst bewusst machen. Gehen wir also einige typische Verlegenheitsgesten der Reihe nach durch.

Augen, Blickkontakt

Der gesenkte Blick: der Partner wird nur selten und kurz angeschaut, ansonsten blicken die Augen auf den Schreibtisch, den Boden oder auf die eigenen Aufzeichnungen.

Schauen Sie Ihrem Gegenüber offen in die Augen! Sie sollen ihn dabei nicht „niederstarren" und erst recht kein Blickduell mit ihm führen. Denken Sie daran, dass die Augen des anderen auch seine Schwachstelle sind!

Etwas anders sieht das aus, wenn der Gesprächspartner eine übergeordnete Position einnimmt, die man akzeptieren will oder muss (Chef während einer berechtigten Rüge, Richter in einer Verhandlung …). In solchen Fällen sollte man sein Gegenüber nicht durch keckes In-die-Augen-Gucken reizen, sondern besser schuldbewusst den Blick senken.

Lippen

Zusammengepresste, dünne Lippen zeugen von innerer Anspannung und Unwohlsein. Noch deutlicher wird dies, wenn man auf der Unterlippe kaut. Letzteres kann zwar in manchen Situationen auch Nachdenklichkeit signalisieren, in unangenehmen Situationen zeigt es jedoch, dass man

„mit seinem Latein am Ende ist" und dass mit dem retten-
den Einfall in den nächsten zehn Sekunden eher nicht zu
rechnen ist.

Schultern, Brust

Hängende oder zum Schutz nach vorne gezogene Schultern
sind entweder angeboren oder zeugen von Aufgabe oder
Abwehr. Wenn Sie die Brust bewusst ein wenig nach vorne
rücken, kommen die Schultern automatisch in die bessere
Position. Also: Brust raus!

Hände

Hände sprechen Bände! Wer die Hände verschränkt, sollte
sie dann ruhig halten. Mit den Händen zu ringen zeigt dem
Partner recht deutlich, dass man zwar nicht gegen ihn,
dafür aber mit sich selbst kämpft. Auch wer mit der einen
Hand den Zeigefinger der anderen umschlingt, macht
deutlich, dass er sich festhalten muss, dass er einen Halt
braucht, den er im Moment nicht hat.

Die beliebte Methode, in unsicheren Situationen einen kleinen Gegenstand, etwa einen Kugelschreiber, in die Hand
zu nehmen und nervös damit herumzuknipsen, macht
zwar auf Dauer auch den Gesprächspartner nervös, zeigt
aber in erster Linie die eigene Unsicherheit. Wenn Sie dann
während des Gespräches oder gar Vortrags noch an dem
Kugelschreiber herumdrehen, und sich dessen Bestand-
teile vor den Augen und Ohren Ihrer Zuhörer voneinan-

der trennen, machen Sie zumindest einen unvergesslichen Eindruck!

Um solchen Pannen vorzubeugen, sollten Sie, wenn Sie weniger geübt sind, durchaus etwas in die Hand nehmen. Achten Sie aber darauf, dass dieser Gegenstand groß genug ist, so dass Sie nicht mehr damit herumspielen können und dass er seine Funktion zum Festhalten auch erfüllt. Wer also zum Beispiel eine kleine Mappe mit Unterlagen oder ein Buch in die Hand nimmt, der hält dann eben nicht das Buch fest, sondern er hält sich an dem Buch fest. Aber dieser kleine wesentliche Unterschied ist für den anderen nicht sichtbar.

Die Hände oder zumindest eine Hand während des Sprechens in die Hosentasche(n) zu stecken mag zwar heutzutage keine große Sünde mehr sein und kann zumindest bei weit geschnittenen Hosen kurzzeitig akzeptabel sein, man zeigt damit allerdings weder eine negative noch eine positive Reaktion. Auf Dauer wirkt diese Geste deshalb steif und sie zeugt zudem von keiner allzu großen Achtung vor dem Gegenüber.

Wer von Hause aus etwas lebendiger ist, sollte sich die Chance, seine Hände in seinem Sinne zu nutzen, nicht ohne Not nehmen. „Unterstreichen" Sie ruhig mit den Händen, was sie sagen wollen! Wenn Sie dabei stehen, müssen Sie allerdings die Hände auch bis auf Brusthöhe anheben. Ein zaghaftes „Herumwedeln" in Hüfthöhe sieht meist ungeschickt aus.

Wer sich bei einem Small Talk ans Ohrläppchen greift oder den Finger an die Schläfen oder die Stirn legt, signalisiert damit Nachdenklichkeit und erhöht wahrscheinlich tatsächlich seine Konzentrationsfähigkeit. Allerdings verzeiht man einem Brillenträger den häufigen Griff zur Nase und einem Bartträger den streichelnden Griff ans Kinn eher als jemandem, der diese Attribute nicht hat. Wie schon der römische Dichter Terenz sagte: Wenn zwei das Gleiche tun, ist es eben doch nicht dasselbe!

Beine

Im Stehen:

Wenn Sie – etwa zu Beginn einer Party oder einer Vorstellung – stehen müssen, weil eben alle noch stehen, vermeiden Sie es möglichst, von einem Bein aufs andere zu wippen oder nervös mit den Füßen zu scharren. Wenn Sie nervös sind und deshalb einen starken Bewegungsdrang verspüren, gehen Sie besser für eine Weile nach draußen.

Im Sitzen:

Sogar im Sitzen bekommen einige noch Probleme mit ihren Beinen, vor allem wenn man diese nicht hinter beziehungsweise unter einem Tisch verstecken kann. Wer auf der Stuhlkante sitzt, und dabei aussieht, als wolle er am liebsten davonlaufen, der braucht sich nicht zu wundern, wenn er bei seinem Gegner den Jagdinstinkt weckt. Aber auch wer mit weit ausgebreiteten Beinen lässig zurückgelehnt ein Übermaß an Selbstsicherheit ausstrahlt, macht sich damit nicht immer Freunde. Allerdings wirkt das gerade in einem Small Talk allemal besser, als wenn man die Beine ängstlich zusammendrückt oder verschränkt, und zur Absicherung noch die Hände faltet und auf die Beine legt.

Bringen Sie die Beine stattdessen bequem über Kreuz (das ist nur bei Frauen im extremen Mini ein Problem, wenngleich heutzutage nicht so ganz klar ist, wer dann das Problem hat). Legen Sie dann die Hand, die der Seite des oberen Beines entspricht, locker auf das Knie und benutzen Sie die freie Hand zum Gestikulieren. Das wirkt nicht überheblich und dennoch souverän und unverkrampft.

Offenheit, Abwehr und Angriff

Offenheit und Abwehr erkennt man am besten an der Mimik, obwohl sogar diese täuschen kann. Denn manche Menschen besitzen von Hause aus einen mürrischen Gesichtsausdruck und sind sich dessen gar nicht bewusst. Gesten und Körperhaltungen können hingegen sehr täuschen.

So werden etwa die vor der Brust verschränkten Arme oftmals zu Unrecht als Geste der Abwehr gedeutet. Genauso wie die auf dem Rücken verschränkten Hände sind sie für viele einfach nur eine bequeme Haltung, die sich nur aus der Situation heraus als etwas anderes interpretieren lässt. Nach meiner Erfahrung wirken die vor der Brust verschränkten Arme vor allem bei größeren und breiteren Männern ablehnend und mitunter sogar bedrohlich. Bei zierlichen Frauen und sehr schmalen Männern sieht die gleiche Geste ganz anders aus, und wenn man sich dann mit der einen Hand noch an dem anderen Arm festhält entsteht mitunter sogar ein Eindruck von Unsicherheit, so als suche man am eigenen Körper nach Halt.

Mehr oder weniger ritualisiert und damit meist unmissverständlich ist die Geste der offenen, nach oben gewandten Handfläche. In der Vorzeit signalisierte man damit, dass man unbewaffnet war, in der heutigen Zeit zeigt man damit Offenheit, oftmals hat dies sogar den Charakter eines Angebotes. Umgekehrt wirken nach unten gerichtete Handflächen ablehnend oder zumindest bremsend. Es entsteht dabei eher der Eindruck, als wolle man mit den Händen etwas von sich wegdrücken.

Offene Handflächen zeigen Offenheit.

Ein Angebot an den Gesprächspartner wirkt darum besonders deutlich, wenn man erst die Hände mit den Handrücken nach vorne hebt und sie dann in einer Abwärtsbewegung so nach vorne bringt, dass nun die Innenseiten auf den Gesprächspartner zeigen. Man bietet also eine symbolische Gabe auf der Handfläche an.

Der Angriff als Gegenteil eines freundlichen Angebotes wird deshalb in der Regel mit dem Handrücken nach oben geführt, eventuell verstärkt durch den nach vorne stoßenden Zeigefinger. Der Extremfall ist die zumeist ebenfalls unmissverständliche Faust, bei der die Handinnenseite gar nicht mehr zu sehen ist. Wer sich allerdings zu solchen Gesten der Stärke verleiten lässt, der hat in diesem Falle vergessen, dass er sich in einem Small Talk befindet.

Da man in solchen Situationen zumeist auch die Stimme anhebt, müssen insbesondere Frauen oder Männer mit sehr hoher Stimmlage darauf achten, dass die Stimme nicht nach oben entgleitet und kieksig wird. Deshalb sollten sie in den Sprechpausen sehr bewusst atmen, insbesondere einmal tief einatmen, die Luft für einen Moment anhalten und dann ganz bewusst ausatmen. Meistens hat man sich danach wieder einigermaßen unter Kontrolle.

Wie geht man mit Small Talk um?

Lieben Sie Small Talk? Dann machen Sie voller Freude mit! Was aber tun, wenn Sie ohne Ihr Zutun hineingeraten sind oder wenn Sie ihn auf keinen Fall wollen? Die Allerwenigsten werden ihrem Gesprächspartner mitteilen, dass sie sein Geschwätz nicht hören möchten. Und was, wenn Sie sogar Angst davor haben?

Mitmachen

Wenn ich ihn nicht selbst begonnen habe, stellt sich die Frage, wie ich mit einem Small Talk umgehe, in den ich mehr oder weniger unverschuldet hineingeraten bin.

In den meisten Fällen sollte man, um den anderen nicht vor den Kopf zu stoßen, wohl oder übel mitmachen. Denn auch wenn man im Grunde keine Lust auf einen Small Talk hat, handelt der andere ja nicht in schlechter Absicht. Das kann man ruhig berücksichtigen. Und im Small Talk geht es ja in der Regel auch nicht um Tiefschürfendes. Man hat immer, selbst beim unerwünschten Mitmachen, wenigstens die Option, das Thema mitzubestimmen.

So kann man auf den unbestimmten Einstieg: „Na, wie geht es?" ohne Weiteres erwidern: „Weißt du schon, dass ich mir ein neues Handy zugelegt habe?" Das ist zwar nicht hundertprozentig das, was der Gesprächspartner hören will, aber dafür ist es eben Small Talk, und der unterliegt nun einmal nicht den strengen Regeln eines ernsthaften Gesprächs.

Ebenso kann man auf den Einstieg: „Das ist vielleicht eine Hitze heute" erwidern: „Das habe ich gar nicht mitbekommen. Ich war die ganze Zeit in einem klimatisierten Kaufhaus. Ich habe dort übrigens ein paar echt tolle Schuhe gefunden."

Da der Gesprächspartner, der einen Small Talk beginnt, ohnehin keine allzu konkrete Erwartungshaltung hat, kann sein Gegenüber ohne große Probleme wenigstens für ein für sich selbst interessantes oder zumindest erträgliches Thema sorgen. Das ist besonders wichtig, wenn man weiß, dass der andere wahrscheinlich gleich eines seiner Standardthemen ansprechen wird, und zwar eines, das man einfach nicht mehr hören kann.

Flucht

Es gibt leider Menschen, deren Small Talk ist so langweilig, dass man am liebsten weglaufen würde. Aber wie stellt man das im realen Alltag am besten an, ohne allzu unhöflich zu wirken?

Etwas abgegriffen, aber ein Klassiker ist der Hinweis auf bestimmte Termine wie Zahnarzt, Pediküre, Tochter von der Schule abholen oder Ähnliches. Nur wenn man viel Pech hat, schlägt der ungeliebte Gesprächspartner vor, einen zu dem erfundenen Termin zu begleiten. Sagt man nur: „Ich bin Eile", wird der gemeinsame Gang zwar unwahrscheinlich, dafür ist die Ausrede allerdings auch nicht so richtig überzeugend.

Nicht nur Frauen flüchten sich bisweilen in eine Migräne, auch Männer können Kopf- und andere Schmerzen bekommen. Damit gibt man zu verstehen, dass eine Unterhaltung zurzeit aus medizinischen Gründen ausscheidet. Damit handelt man sich zwar möglicherweise ein paar Worte der Anteilnahme ein, aber danach kann man das Gespräch mit dem überzeugenden Hinweis beenden, jetzt die jeweiligen Beschwerden dringend bekämpfen zu müssen. Selbst wenn Ihr Gesprächspartner ausgesprochen anhänglich ist, reicht jetzt ein: „Sei mir nicht böse, aber ich gehe jetzt a) zum Arzt b) in die nächste Apotheke c) ins Bett."

Übungen

Bewerten Sie folgende Fluchtversuche:

a) „Tut mir leid, aber mir ist eben eingefallen, dass ich noch etwas einkaufen muss."

b) „Es ist wahnsinnig laut hier, ich kann dich kaum verstehen. Können wir das Gespräch nicht ein andermal weiterführen?"

c) „Tut mir leid, aber der Vibrationsalarm von meinem Handy meldet sich gerade."

d) „Nimm es mir nicht übel, aber ich habe wohl eine Tasse Kaffee zu viel getrunken. Ich muss jetzt dringend mal wohin."

Meine Bewertung:

Zu a): Das ist wenig überzeugend. Verzichten Sie zumindest auf das „eben eingefallen."

Zu b): Kann ganz gut funktionieren, wenn der andere den Unterschied zwischen „woanders" und „ein andermal" auf die Schnelle nicht begreift. Er könnte sonst einfach einen Ortswechsel vorschlagen.

Zu c): Das ist kaum zu widerlegen. Wenn Sie jetzt ein Gespräch simulieren und danach dringend wegmüssen, kann Ihnen niemand das Gegenteil beweisen.

Zu d): Dieser Fluchtversuch wird zwar im ersten Moment immer funktionieren, Sie riskieren aber, dass der andere mitkommt.

Angriff

Warum sollte man auf den Versuch eines Small Talks mit einem Angriff reagieren? Nehmen wir an, mir geht es einigermaßen gut, aber plötzlich kommt ein alter Bekannter und meint: „Du siehst aber schlecht aus!" Dann kann ich meinem Gesprächspartner höflich erklären, dass er einer optischen Täuschung unterliegt, oder ich reagiere schnippisch und sogar wahrheitsgetreu: „Aber erst, seit ich dich gesehen habe!"

Manchmal ist es dem anderen gar nicht klar, was er mit unbedachten Äußerungen anrichtet. Als ich im Rahmen einer ärztlichen Untersuchung an der Wirbelsäule geröntgt wurde, schaute sich der Arzt in meinem Beisein die Aufnahmen an und sagte als Erstes nur: „Mein Gott!" Daraufhin sah er mich an und fragte: „Sagen Sie, haben Sie einen zu hohen Blutdruck?", worauf ich wahrheitsgemäß antwortete: „Ja, seit etwa zwanzig Sekunden!"

Nun war zwar die besorgte Frage des Arztes kein Angriff, aber manchmal ist eine Gesprächseröffnung so ungeschickt, dass man den anderen mit einer kleinen Spitze wieder an die guten Sitten gewöhnen muss.

Dummer Anmache begegnen

Eine besonders lästige Form des Small Talks ist die sogenannte Anmache mit anzüglichen oder einfach nur dummen Bemerkungen. Ein betont geistreicher und leider weit verbreiteter Anmach-Spruch lautet: „Haben wir uns nicht schon einmal irgendwo gesehen?" Wenn Sie in diesem Fall, wie so häufig, höflich antworten: „Tut mir leid, aber ich weiß nicht, wo das gewesen sein soll", ist das schon fast eine Einladung zum Gespräch. Erwidern Sie stattdessen: „Ja, in meinem letzten Albtraum", dürfte das Gespräch damit zu Ende sein!

Haben Sie zum Beispiel auf die Frage eines aufdringlichen Verehrers: „Was muss ich dir geben, damit ich einen Kuss von dir bekomme?" schon einmal mit: „Chloroform" geantwortet?

Anmach-Opfer dürfen sich also nicht bemühen, jemandem zu gefallen, dem sie gar nicht gefallen wollen.

Mobbing statt Anmache

Ich bin mir bewusst, dass all das nicht viel hilft, wenn die Anmache in regelrechtes Mobbing ausartet und wenn der Täter dann noch der Vorgesetzte ist. Beim Mobbing handelt es sich grundsätzlich nicht um einen Einzelfall, sondern um ständige, wiederholte Belästigungen oder Kränkungen über einen längeren Zeitraum hinweg. Dabei kann jeder einzelne Versuch durchaus die Form eines netten Small Talks annehmen und mit diesem Umstand reden sich auch die „Täter" oft heraus. In solchen Fällen gibt es jedoch zumindest in großen Firmen Ansprechpartner in der Personalabteilung oder im Betriebsrat, und dieses heikle Thema würde sicherlich den Rahmen dieses Buches sprengen. Doch auch solche schlimmen Dinge fangen häufig klein an, etwa als Small Talk, und hier kann ein schlagfertiger Konter sofort Grenzen setzen. Man kann es ja auch etwas freundlicher machen, indem man beispielsweise entgegnet: „Ich weiß nicht, wie ich ohne Ihre anzüglichen Bemerkungen leben könnte, aber ich würde es gerne einmal probieren!"

Freundlich oder unfreundlich antworten

Je nachdem, wie also die persönliche Beziehung oder auch Abhängigkeit zum Provozierenden ist, bietet es sich an, auf die Provokation halbwegs freundlich (aber nicht entgegenkommend!) oder aber direkt mit einem Angriff zu reagieren.

Anmache	freundliche Antwort	unfreundliche Antwort
Können wir uns heute Abend treffen?	Ich gebe Ihnen gerne die Telefonnummer von meinem Mann, ich habe heute Abend keine Zeit!	Wo denn, bei Ihnen im Neandertal?
Sie haben aber einen aufregenden Gang!	Kann sein, mir sind vorhin die Absätze abgebrochen!	Und Sie haben eine todlangweilige Anmache!
Sie haben aber eine heiße Stimme!	Passen Sie auf, dass Sie sich keine heißen Ohren davon holen!	Wie kann das jemand beurteilen, der meistens auf seinen Ohren sitzt?

Angst

Abgesehen von der bewussten Entscheidung, bei einem Small Talk mitzumachen, ihm zu entfliehen oder sich gegen ihn zu wehren, gibt es noch eine gefühlsmäßige Komponente, die diese bewusste Entscheidung praktisch unmöglich macht. Viele Menschen haben ganz einfach Angst, sich zu äußern. Sie können nicht einschätzen, wie sie mit ihrer Äußerung auf andere wirken. Diese Unsicherheit vergeht in der Regel relativ schnell, wenn man sich für die negative Wirkung seiner Äußerung entscheidet, also einfach davon ausgeht, dass man sich in jedem Fall blamiert.

Dieses Phänomen habe ich in meinen Rhetorik-Kursen schon häufig erlebt. In trauter Runde unter Freunden, unterstützt vielleicht noch durch ein paar Glas Bier, haben die meisten offenbar überhaupt keine Probleme, flüssig und je nach Temperament auch noch witzig zu sprechen. Kaum aber ist ihnen der Gesprächspartner fremd oder es handelt sich um eine ernstere, beispielsweise berufliche Situation, so sind plötzlich Hemmungen da, die man nicht überwinden zu können glaubt. Dann ist es zunächst einmal wichtig, sich klarzumachen, dass (fast) jeder flüssig sprechen kann. Ein lockerer Small Talk scheitert seltener daran, die sprachliche Fähigkeit nicht zu besitzen, als daran, dass man etwas zu viel hat: *Hemmungen und Angst.*

Angst vor den Mitmenschen

Es ist darum hilfreich, sich die Natur dieser Hemmung vor Augen zu führen. So ist die Angst, etwas Unsinniges zu sagen, in der Regel nicht vorhanden, wenn keiner zuhört; und sie ist wie bereits erwähnt vielleicht noch erträglich, wenn die Zuhörer alles gute Freunde sind. Kaum sind die Gesprächspartner fremd oder schwer einzuschätzen, bekommen viele von uns ein Problem.

Womit wir es hier zu tun haben ist etwas, das ich schon seit vielen Jahren als das „Was-glaube-ich-was-andere-von-mir-denken?-Syndrom" bezeichne. Machen wir uns also in voller Klarheit bewusst, dass wir diese verhängnisvolle Frage nie offen gestellt, sondern sie uns stets selbst beantwortet haben. Und haben wir uns erst einmal für eine negative Antwort entschieden, hilft auch eine intensive Beobachtung unserer Gesprächspartner nicht mehr.

Wir haben offenbar weniger Angst vor dem Sprechen selbst als vor denen, die uns dabei zuhören.

Wir werden stets das sehen, was wir befürchten, weil unsere Angst unsere Objektivität längst besiegt hat.

Wenn Sie sich auf einer Party stets in die hinterste Ecke verziehen oder gar schon bei der Einladung unter einem Vorwand absagen, werden Sie nie die Chance bekommen, den Umgang mit anderen, insbesondere fremden Menschen als gar nicht so problematisch und katastrophal zu erleben.

Und selbst wenn sich Ihnen die Frage „Was-glaube-ich-was-andere-von-mir-denken?" bereits zwanghaft eingegraben hat, so denken Sie bitte immer daran, dass das, was andere von Ihnen denken, noch lange nicht das ist, was Sie wirklich sind. Durch einseitiges, intensives Grübeln allein in einer Ecke und ohne Gesellschaft kommen Sie allerdings nicht dahinter. Wie sagte der humanistische Psychologe Abraham Maslow so treffend: „Mehr als vor jeder anderen Erkenntnis haben wir Angst vor der Selbsterkenntnis, da diese unsere Selbstachtung und das Bild, welches wir von uns selbst machen, verändern könnte." Also: Gehen Sie hinaus und reden Sie mit anderen. Sie werden sehen: Es ist alles eine Sache der Übung.

Test: Sind Sie der geborene Small Talker?

Keine Sorge, bei diesem Test können Sie nicht durchfallen. Er kann Ihnen aber verraten, in welchem Bereich Sie bereits vorhandene Talente haben und wo oder wie Sie eventuell noch an sich arbeiten müssen.

Versuchen Sie bitte, die folgenden Fragen entweder mit „Eher ja" oder mit „Eher nein" zu beantworten. Bitte kreuzen Sie die mittlere Kategorie (quasi ein „Jein" oder ein „Trifft teilweise zu") nur dann an, wenn eine klare Entscheidung Ihnen absolut unmöglich erscheint.

		Eher ja		Eher nein	
1	Ich bin aktives Mitglied in einem Verein.				A
2	Ich habe auf jede Bemerkung eine passende Antwort.				A
3	Ich spreche nicht gerne vor einer größeren Gruppe von Menschen.				B
4	Ich halte mich für lebhaft.				A
5	Bei gesellschaftlichen Anlässen bleibe ich lieber im Hintergrund.				B

		Eher ja		Eher nein	
6	Im Umgang mit anderen bin ich eher gehemmt.				B
7	Ich überzeuge gerne andere von meiner Meinung.				A
8	Ich werde verlegen, wenn mich andere Leute auf der Straße beobachten.				B
9	Bei neuen Bekanntschaften mache ich zumeist den Anfang.				A
10	Ich gehe nur ganz selten aus mir heraus.				B
11	Ich bin leicht verlegen.				B
12	In einer vergnügten Gesellschaft bin ich ungezwungen und lebhaft.				A
13	Ich überrede andere gerne zu gemeinsamen Aktionen.				A
14	Ich glaube, ich könnte erfolgreicher sein, wenn ich weniger Hemmungen hätte.				B
15	Es fällt mir schwer, mich durchzusetzen, auch wenn ich glaube, im Recht zu sein.				B
16	Ich bezeichne mich selbst als gesprächig.				A

Auswertung

- Addieren Sie nun bitte die Anzahl der Ja-Antworten, hinter denen der Buchstabe A steht, und getrennt davon die Anzahl der Ja-Antworten, hinter denen der Buchstabe B steht. Jede positive Antwort zählt einen Punkt, die mittlere Kategorie erhält einen halben Punkt.

- Ziehen Sie die Summe in der Kategorie B von der Summe in der Kategorie A ab.

- Es sind Werte von −8 bis +8 möglich. Liegt Ihr Gesamtwert zwischen −8 und −4, dann sind Sie in Ihrem Kontaktverhalten und damit in der aktiven Teilnahme an einem Small Talk wahrscheinlich eher gehemmt und zurückhaltend.

- Bei Werten zwischen +4 und +8 dürften Sie hingegen kaum solche Probleme haben.

- Bei Werten zwischen −3 und +3 liegen Sie im Mittelfeld.

Was ist nun zu tun?

Grundsätzliche Charaktereigenschaften lassen sich wenn überhaupt nur schwer ändern. Das bloße Verhalten hingegen kann man mit ein wenig gutem Willen jederzeit ändern. Wenn bei Ihnen B-Antworten deutlich überwiegen, so versuchen Sie Ihr Verhalten moderat in Richtung auf die A-Antworten zu ändern. Fallen Sie aber nicht ins Extrem, denn bei einem Wert von +8 ist es zumindest denkbar, dass dies der Wert für einen distanzlosen Schwätzer oder Profilneurotiker sein kann!

Wenn Sie selbst das Gefühl haben, etwas gehemmt zu sein, dann gibt es nur zwei Möglichkeiten: Entweder Sie sind damit zufrieden, dann überschlagen Sie die nächsten Sätze und lesen Sie im nächsten Kapitel weiter. Oder Sie sind in diesem Punkt selbst nicht wirklich glücklich mit sich. Dann überlegen Sie sich bitte, ob auf Sie vielleicht die Beschreibung im vorangegangenen Abschnitt zutrifft.

In jedem Falle aber sollten Sie mehr aus sich herausgehen! Nach manchem Schicksalsschlag, bevorzugt nach einer Trennung, bekommt man von netten Freunden oft den Ratschlag, jetzt erst einmal eine Weile in sich zu gehen. Als ich diesen Spruch hörte, habe ich nur gesagt: „Seid Ihr wahnsinnig? Was soll ich denn da finden?" In solch einer Situation dient das In-sich-Gehen nicht der Selbsterkenntnis, sondern wohl eher der Selbstzerfleischung. Dann muss man aus sich herausgehen, was durchaus im wörtlichen Sinne bedeuten kann, die eigenen vier Wände zu verlassen und sich unter Leute zu mischen!

So können Sie doch beispielsweise die in beruflichen Beurteilungen als entscheidend angepriesene soziale Kompetenz unmöglich dadurch lernen, dass Sie sich andere Menschen lediglich im Fernsehen ansehen – auch wenn Peter Sellers in der mit dem Oscar ausgezeichneten Politsatire *Welcome Mr. Chance* auf wunderbar naive Weise das Gegenteil gelingt. Man muss eben hinein in die Wirklichkeit und zu den Menschen Kontakt aufnehmen, selbst auf die Gefahr hin, dass man sie nicht mit der Fernbedienung ausschalten kann, wenn es unangenehm wird. Das versucht übrigens auch Peter Sellers in dem besagten Film – erfolglos.

Sie brauchen dann auch nicht immer lieb sein. Noch weniger kann und muss es Ihnen gelingen, von allen geliebt zu werden. Hier gilt vielmehr die gnadenlose Einsicht, dass jeder so weit ausgenutzt wird, wie er sich ausnutzen lässt. Natürlich ist niemand in der Lage, sich Selbstbewusstsein anzubefehlen, aber sehr wohl ein etwas selbstbewussteres Auftreten!

Mein Bauch bleibt

Ich habe mich vor vielen Jahren gewundert, warum einer meiner besten Freunde fast jedes Mal, wenn er sich um eine Stelle bewarb, zwar eingeladen, aber nicht genommen wurde. Als ich ihn schließlich darauf ansprach, beichtete er mir, dass er angesichts seines nicht unbeachtlichen Bauches bei den Vorstellungen allen Ernstes unaufgefordert versprach, in Zukunft abzunehmen. Erst als ich ihm drastisch einhämmerte, dass keine Firma für die gehobene Position, auf die er sich bewarb, jemanden gebrauchen kann, der sich schon beim Einstellungsgespräch für sein Dasein entschuldigt, ging ihm auf, was er getan hatte. Er musste mir versprechen, dieses Thema von sich aus nie wieder anzuschneiden, und kurz darauf bekam er eine Stelle. Den Bauch hat er heute noch.

Übungen

Verwandeln Sie folgende Aussagen und Fragen in selbstbewusstere Ausdrücke!

a) Gegenüber dem Vorgesetzten: „Ja, wenn Sie das so sehen. Aber vielleicht gibt es auch andere Lösungen?"

b) Ein Kollege kommt hinzu, während Sie gerade einen Small Talk über ihn pflegen. Sie sagen mit rotem Kopf: „Oh, tut uns leid!"

c) „Möchten Sie wirklich keinen Kaffee?"

d) „Ich bin mir wirklich nicht sicher, ob das geht."

e) „Wenn das mal gut geht!"

Lösungsvorschläge:

Zu a): „Das ist ein guter Vorschlag. Darf ich dazu etwas ergänzen?"

Zu b): „Kommen Sie ruhig her, wir haben sowieso gerade über Sie gesprochen!"

Zu c): „Möchten Sie lieber eine Tasse Kaffee oder ein Glas Mineralwasser?

Zu d): „Ist das eigentlich ausreichend geprüft?" oder: „Hat man das schon mal umgesetzt?"

Zu e): „Auf geht's. Jeder hat das Recht auf einen Irrtum!"

Wie geht man mit Small Talk in schwierigen Situationen um?

Small Talk plätschert zwar zumeist an der Oberfläche des menschlichen Daseins dahin, aber bisweilen können einen auch scheinbar harmlose Bemerkungen in Verlegenheit bringen: Sei es, dass der Small Talk in Form einer Frage daherkommt oder dass der Angesprochene ihn im Moment nicht zu deuten weiß.

Fragen als Small Talk

Ein bewährter Leitsatz aus der Rhetorik lautet „Wer fragt, der führt". Kein anderes sprachliches Mittel besitzt eine solche Durchschlagskraft wie eine Frage. Eine Frage verlangt eine Antwort, und während man sich mit dieser Antwort unsterblich blamieren kann, geht der Fragende so gut wie kein Risiko ein.

Der beliebte Satz „Es gibt keine dummen Fragen" stimmt zwar so pauschal nicht, aber ich habe es bisher nur ganz selten erlebt, dass jemand infolge einer Kombination aus mangelndem Talent und Zufall eine dumme Frage formuliert hat. So brachte es ein gestandener Amtsleiter bei der Präsentation eines Projektes zu der schon fast genialen Einlassung: „Ja, wenn sich alles ändert, dann müssen wir uns ja auch ändern, oder nicht?" Das Faszinierende ist: Selbst eine so geistreiche Frage verlangt nach einer Antwort – und genau das ist das Problem, wenn man gefragt wird. Man ist in diesem Moment quasi in einer Kommunikationsfalle, der man nicht durch Schweigen oder Weglaufen entrinnen kann. Man muss – wie auch immer – Stellung beziehen.

Dumme Fragen gibt es nicht.

Man kann natürlich die berüchtigte Small-Talk-Frage „Wie geht es dir?" mit einem verschleiernden „Es geht so" beantworten, wird damit aber nicht verhindern, dass der andere einem nach diesem Einstieg möglicherweise seine eigene Leidensgeschichte aufzwingt.

Noch hinterhältiger ist die Frage: „Wie geht es deiner Familie?" Denn hier erfordert es der bloße Anstand, mehr als „Es geht so" dazu zu sagen.

Auch auf die Frage: „Was machst du heute noch?" werden viele in Gedanken antworten: „Das geht dich gar nichts an!", aber aussprechen werden sie das wahrscheinlich nicht.

Natürlich können Sie den Fragenden mit bestimmten Floskeln zunächst einmal auflaufen lassen. So können Sie zum Beispiel die Frage nach dem eigenen Wohlergehen oder dem der Familie beantworten mit: „Ach, ich kann nicht klagen." Damit haben Sie sich zwar auf eine positive Antwort festgelegt, aber kein Mensch weiß, was das nun genau bedeutet.

Und leider gibt es auch in einem Small Talk Fragen, die den Befragten arg in Bedrängnis bringen können und bisweilen auch sollen. Insofern Sie ernsthaft erwägen, solche Fragen zu beantworten, werden Sie nicht um eine strategische Vorplanung herumkommen: Überlegen Sie sich rechtzeitig vor einer Äußerung, welche Fragen sich daran anschließen können. Ansonsten bietet sich immer noch die Möglichkeit

- der Interpretation der Frage („Verstehe ich Ihre Frage richtig, wenn …?")
- der Ja-aber-Taktik („Ihre Frage ist berechtigt, aber sie sollten auch beachten, dass …")
- des Aufschiebens („Darf ich Ihre Frage noch für einen Moment zurückstellen?")
- der Gegenfrage („Wie meinen Sie das?")

Offenbart die Frage jedoch ein Informationsdefizit beim Angesprochenen („Kennen Sie denn nicht die Untersuchung von …?"), ist es häufig ratsam, die Flucht nach vorne anzutreten und (zumindest eingeschränkt) sein Defizit einzugestehen: „Leider nicht im Detail (oder: nur in groben Zügen), aber ich denke, Sie können mir kurz auf die Sprünge helfen!" Dies ist allemal besser, als so zu tun, als wüsste man genau Bescheid, um danach mit Glanz und Gloria unterzugehen.

Boshafte Fragen im Small Talk

Der größte Fehler ist allerdings, auf eine aggressive Frage zu antworten, ohne ihren Hintergrund begriffen zu haben. Ein führender Politiker unseres Landes (der in Ermangelung jedes rhetorischen Talentes genug gelitten hat und den ich darum nicht namentlich nennen möchte) wurde eines Tages auf dem Weg in den Bundestag von dem Reporter eines großen Privatsenders mit folgender (unverschämter) Frage konfrontiert: „Herr X, wann treten Sie eigentlich zurück?" Mit hochrotem Kopf wandte sich der angegriffene Politiker der Kamera zu und schimpfte: „Eine solche Frechheit hätte ich vom öffentlich-rechtlichen Fernsehen nicht erwartet!" Der Reporter sah nun seinerseits mit breitestem Grinsen in die Kamera und kommentierte den Ausbruch mit folgenden Worten: „Vielen Dank und was ein Glück für uns, dass wir nicht vom öffentlich-rechtlichen Fernsehen sind!"

Wie hätte denn nun ein erfolgreicheres Verhalten jenes Politikers ausgesehen? Die Frechheit der Frage war ohnehin jedem Zuschauer klar und bedurfte keines verunglückten Kommentars mehr. In solchen Fällen ringt man sich am besten ein Lächeln ab und fragt zurück:

„Was schätzen Sie denn?"
oder etwas ernsthafter:
„Wie kommen Sie zu dieser Frage?"
oder auch völlig nichtssagend:
„Wo denken Sie denn hin?"

Dies ist übrigens ein typisches Beispiel für einen (boshaften) Small Talk im Fernsehen, denn ein Interview sollte das ganz sicher nicht werden.

Es ist zumindest in einem Small Talk ohne Weiteres statthaft, eine unangenehme Frage mit einer Gegenfrage zu beantworten. Oft genug macht man das schon automatisch:

■ „Wie geht es dir?"
  „Ach, es geht so, und dir?"
■ „Fährst du immer noch deinen alten Wagen?"
  „Sag bloß, du hast dir einen neuen gekauft?"
■ „Fliegt Ihr immer noch jedes Jahr nach Mallorca?"
  „Wieso? Gefällt dir die Insel nicht?"

Der verdeckte Small Talk: Wie hat der andere das gemeint?

Nachrichten übermitteln

In der Kommunikationswissenschaft spricht man im Zusammenhang mit Sprecher und Zuhörer oft sehr treffend von *Sender* und *Empfänger*. Diese technisch anmutenden Bezeichnungen sind durchaus berechtigt, denn genau wie beim Übertragen von Musik durch Funksignale über elektromagnetische Wellen und deren „Zurückverwandlung" in Musik im Fernsehen oder im Radio, muss auch beim Menschen eine Umwandlung von Gedanken in gesprochene Worte und beim Empfänger eine „Zurückverwandlung" in Gedanken erfolgen.

Um Informationen auszutauschen, braucht man einen Träger, etwa in Form einer Schallwelle oder eines Lichtstrahls.

Man spricht in diesem Falle von einem (optischen, akustischen, …) *Signal*. Wenn ich mich nun mit einem anderen Menschen unterhalte, so gebe ich ihm durch derartige Signale eine Reihe von Informationen, die er zunächst verarbeitet und auf die er dann seinerseits mit dem Senden eigener Informationen reagieren kann. Menschen geben aber häufig schon solche Signale an ihre Gesprächspartner zurück, während sie scheinbar noch zuhören, etwa durch einen interessierten Gesichtsausdruck. Diese Signale verändern das Verhalten des Sprechers. Sie motivieren ihn vielleicht oder regen ihn an. Nicht zu kommunizieren ist offenbar ausgesprochen schwierig. Da dieser Kommunikationsprozess keine eindeutige gegliederte Abfolge besitzt, ist auch eine eindeutige Zuordnung einer Person als Sender und Empfänger einer Nachricht nicht möglich. Man ist vielmehr fast immer beides gleichzeitig.

Das Medium, das das Signal aufnimmt und vom Sender zum Empfänger weiterleitet, bezeichnet man als den *Kanal* der Nachrichtenübermittlung (beispielsweise die Luft zwischen zwei Gesprächspartnern, eine Telefonleitung, Lichtwellen …).

SENDER   KANAL   EMPFÄNGER

In der Kommunikation zwischen Mensch und Mensch gibt es vermutlich die wenigsten Probleme durch Störungen im Kanal, etwa durch Umweltgeräusche oder schlechte Lichtverhältnisse. Man darf sich in der Vielzahl der Fälle darauf verlassen, dass das ausgesandte Signal beim Empfänger ankommt, oder aber, dass der Empfänger zumindest signalisiert, falls das nicht der Fall ist. Weit häufiger kommt das Signal zwar beim Empfänger (unverfälscht) an, wird von ihm jedoch falsch verarbeitet, und die darin steckende Information demzufolge nicht oder aber falsch *verstanden*.

Möglicherweise hat aber schon der Sender das Signal falsch abgefasst: Er hat vielleicht seine Nachricht in die falschen Worte gekleidet und damit etwas gesagt, was er so nicht *gemeint* hat oder – was sehr häufig vorkommt – die Botschaft war nicht eindeutig genug.

Besonders groß ist die Gefahr, eine Botschaft falsch zu verstehen, wenn es sich um ein körpersprachliches Signal handelt, zum Beispiel um eine einfache Geste. Kann denn so etwas auch Small Talk sein? Durchaus! Man muss zur Kommunikation nicht immer den Mund aufmachen!

Stellen Sie sich einfach vor, ihr Gesprächspartner ist so weit von Ihnen entfernt, dass selbst ein lautes Wort nicht mehr ankommt, oder Sie fahren Auto und begegnen einem ebenfalls Auto fahrenden Freund. Dann reduziert sich die Begrüßung und auch der Small Talk auf einem freundlichen Wink mit der Hand, der tatsächlich ein ganzes Bündel an Botschaften enthalten kann, von „Ich kenne dich" über „Ich grüße dich" bis zu „Du bist mir sympathisch".

Leider aber fehlt der Körpersprache die Eindeutigkeit der gesprochenen Sprache.

Falsch verstandene Geste

In südlichen Ländern sind die Vorschriften beim Fahren von Motorbooten sehr viel lockerer als bei uns. Diesen Umstand machte ich mir vor Jahren einmal zunutze, und mietete mir ein Motorboot, mit dem ich ungefähr eine Stunde mit größtem Vergnügen und bislang noch unfallfrei auf dem Meer herumfuhr. Als ich das Boot dann wieder zum Vermieter zurückbringen musste, machte ich die unangenehme Entdeckung, dass von See aus alle Anlegestellen gleich aussehen. Solche Kleinigkeiten haben mich allerdings noch nie aufgehalten, und so fuhr ich wohlgemut auf die erstbeste Stelle zu. Zu meiner Freude stand an dieser Anlegestelle auch ein Mann, der mir freundlich zuwinkte. Also gab ich entschlossen Gas – und setzte das schöne Motorboot mit voller Wucht auf eine Sandbank. Wie ich kurz danach recht lautstark erfuhr, wollte der Mann an Land mich nicht etwa freundlich heranwinken, sondern mich mit dieser Geste davon abhalten weiterzufahren. Sein Winken war also kein netter Gruß, sondern eine Warnung!

Missverständnisse kommen vor

So könnte die in einem Small Talk recht nahe liegende, einleitende Frage: „Geht es dir gut?" zwar vom Sender als ehrliche Frage gemeint sein, der Empfänger reagiert jedoch darauf empfindlich: „Wie kommst du darauf, dass es mir nicht gut geht?" Tatsächlich habe ich selbst diese Frage schon oft gehört, wenn es mir gerade nicht gut ging. Dann liegt eine Fehldeutung nahe.

Sind Sie im Ausland nicht auch schon gefragt worden: „Kommen Sie auch aus Deutschland?" Dies muss keineswegs böse gemeint sein und ist wahrscheinlich nur der Versuch eines Small Talks. Der Empfänger denkt jetzt aber möglicherweise: „Sehe ich wirklich wie so ein typischer deutscher Urlauber aus?" Wenn der andere dann noch kurze Hosen mit Sandalen und weißen Socken trägt, wird die negative Auslegung wahrscheinlich gar nicht mehr hinterfragt.

> **Selbst ganz harmlose Fragen können sehr leicht missverstanden werden.**

Leider lassen sich derartige Missverständnisse nicht gänzlich vermeiden. Wichtig ist aber, ein Gespür dafür zu entwickeln, wann der andere etwas offenbar ganz anders aufgefasst hat, als ich es gemeint habe.

Übungen

Welche negativen Interpretationsmöglichkeiten gibt es bei folgenden Äußerungen?

a) „Sie sehen aber gut aus für Ihr Alter!"

b) „Wissen Sie eigentlich, wie alt diese Kirche ist?"

c) „Sind Sie wirklich davon überzeugt?"

d) „Haben Sie einen Moment Zeit?"

Lösungsvorschläge:

Zu a): Das soll ein Kompliment sein. Der andere aber denkt: „Was glaubt der eigentlich, wie alt ich bin?"

Zu b): Das ist vielleicht eine echte Frage, vielleicht aber auch nur der nett gemeinte Versuch, über dieses Thema einen Small Talk zu beginnen. Der andere denkt: „Für wie dumm hält der mich?"

Zu c): Vielleicht ist es wirklich eine echte Frage, aber beim Empfänger wird sie übersetzt mit: „Wie kann man nur so naiv sein, so etwas zu glauben?"

Zu d): Diese Frage wird so oft von Schnorrern und Straßenverkäufern gestellt, dass eine negative Interpretation nahe liegt. Man kommt also gar nicht darauf, dass der andere vielleicht Probleme mit seinem Stadtplan hat und nur höflich sein will.

Small Talk über Dritte

Vieles zu diesem Thema haben wir ja schon unter „Klatsch und Tratsch" aufgezeigt. Und solange man das Ganze nicht allzu ernst nimmt, mag es auch in Ordnung sein, sich genüsslich über die Macken und kleinen Fehler anderer zu unterhalten. Was aber ist, wenn ein anderer mir in einem Small Talk wirklich belastende Informationen über einen Dritten aus dem näheren Bekanntenkreis gibt? Hier kann es ausnahmsweise notwendig sein, das Gespräch sofort entschlossen zu beenden – ohne Rücksicht darauf, ob das dem anderen passt oder nicht.

Stellen Sie sich zum Beispiel vor, Sie erwähnen als Vorgesetzter nur einmal kurz in einem Small Talk mit Ihrem Mitarbeiter das in einem Monat anstehende Beurteilungsgespräch. Und noch bevor Sie sich versehen, sagt dieser Mitarbeiter: „Der Kollege K. wird ja dann wohl auch beurteilt. Also, ich kann Ihnen da einmal etwas über diesen Mann erzählen …!" Wenn Sie jetzt nicht augenblicklich abbrechen, dann bekommen Sie unter Umständen Informationen, von denen Sie später wünschten, Sie hätten Sie nie erfahren. Je nachdem, was das für Informationen sind, müssen Sie jetzt sogar eventuell noch peinliche Nachforschungen anstellen und gegebenenfalls harte Konsequenzen ziehen.

Nun ist das vielleicht eine Situation, in die viele Leser dieses Buches nicht kommen werden. Aber möglicherweise erleben Sie eine ähnliche Situation im privaten Bereich. Dann denken Sie daran, dass Sie oftmals keinen schlagenden Beweis für die Geschichten haben, die Ihnen erzählt werden. Verbreiten Sie sie aber weiter, geraten Sie schnell in die Nähe des Tatbestands der „üblen Nachrede". Der ist übrigens auch dann erfüllt, wenn die fragliche Information stimmt, Sie sie aber nicht beweisen können. Dies kann schnell passieren – beispielsweise mit der Behauptung, der andere habe hohe Schulden oder lasse sich aushalten. Dabei ist es unerheblich, ob Sie die Sache selbst in die Welt gesetzt oder nur verbreitet haben. Dummerweise rutschen einem oft beim nächsten Small Talk mit einer weiteren Person solche Behauptungen allzu leicht heraus.

Bleiben Sie lieber auf der sicheren Seite, indem Sie sich solche Informationen einfach verbitten. Sollte ihr „Informant" dann beleidigt sein, so haben Sie wahrscheinlich nicht ihren besten Gesprächspartner verloren.

Small Talk bei völliger Ahnungslosigkeit

Namen vergessen? Straße vergessen? Prüfungsinhalte vergessen? Das ist alles nichts gegen die Situation, in der Sie überhaupt nichts vergessen, sondern noch nie etwas gewusst haben. Wenn möglich sollte man jetzt besser schweigen. Aber das kommt nicht infrage, weil Sie beispielsweise in einer Sitzung von einem Kollegen oder gar Vorgesetzten aus heiterem Himmel aufgefordert werden, „mal kurz" zu einem Thema Stellung zu nehmen, über das Sie sich noch nie Gedanken gemacht haben. Jetzt dürfen Sie Ihre Unkenntnis nicht mit Unsinn übertünchen! Das machen andere führende Personen des Zeitgeschehens schon zu genüge und es schadet Ihnen mehr als es nützt. Verloren sind Sie deswegen aber noch lange nicht!

Wenn Sie jetzt die Flucht ins Unverbindliche oder sogar den Durchbruch schaffen, indem Sie zwar die Gesprächsführung übernehmen, aber die Antwort schuldig bleiben, sind Sie ein echter Meister des Small Talks.

Aktiv am Gespräch teilzunehmen überzeugt

An einer Hochschule prüfte eine Kommission schon seit vielen Stunden. Die Prüfung fiel in einen heißen August, und an diesem Tag war es zudem drückend schwül. Wer weiß, wie schwer es ist, nur eine halbe Stunde aufmerksam zuzuhören, der kann ermessen, welche Zumutung man sich auferlegt, von morgens bis abends zuzuhören – und das noch unter dem moralischen Druck, das Gehörte halbwegs fair zu benoten. Bei der letzten Prüfung waren die Mitglieder der Kommission deshalb so geschafft, dass sie allen Ernstes den Verlauf ihrer eigenen Prüfung nicht mehr nachvollziehen konnten. Es handelte sich zu allem Überfluss noch um eine Gruppenprüfung, bei der man möglichst jedem einzelnen Prüfling eine individuelle Leistung zuordnen sollte. Der leidgeprüften Kommission war es allerdings nicht aufgefallen, dass einer der Kandidaten offensichtlich keine Ahnung vom Prüfungsstoff hatte. Denn er hatte nicht eine einzige Frage beantwortet. Man einigte sich nun aus reiner Verlegenheit darauf, die ganze Runde recht gut zu benoten und dem Kandidaten, den alle als den aktivsten in Erinnerung hatten, abgestuft mit der besten Note dieser Prüfung zu belohnen. Eine spätere Durchsicht der Protokolle ergab, dass ausgerechnet der Prüfling, der keine einzige bedeutsame Antwort gegeben hatte, die beste Note bekommen hatte. Er hatte es nämlich verstanden, sich durch verständig klingende Fragen positiv in das Gedächtnis seiner Prüfer einzuprägen und damit im Grunde die Gesprächsführung übernommen. Diese Fragen jedoch waren von seinen Leidensgenossen links und rechts von ihm beantwortet worden und in einem Falle sogar von einem der Prüfer selbst!

Überlegen Sie bitte einmal kurz, welche der folgenden Verhaltensmöglichkeiten Ihnen liegt, und sollte keine darunter sein, die Ihnen wegen der erforderlichen Dreistigkeit
wirklich gefällt, bedenken Sie bitte, dass Sie in einer solchen Situation keine große Wahl haben.

Problem weiterreichen: Sie schauen einen Ihrer Kollegen aus der Runde an, und sagen: „Können Sie sich noch
erinnern, dass wir letztlich unter vier Augen schon einmal
über dieses Problem gesprochen haben? Sie hatten damals
eine hervorragende Idee. Ich bekomme sie jetzt nur nicht
ganz zusammen."

Möglicherweise spricht dieser Kollege nie wieder mit Ihnen,
aber für einen Augenblick liegt der Schwarze Peter bei ihm.
Und wenn er jetzt auch nur die leiseste Andeutung zur Sache
macht, statt zuzugeben, dass er sich an diese Unterredung
nicht erinnern kann, bleibt das Problem auch bei ihm.

Moderation: Sie bedanken sich für die Frage, stehen auf,
gehen zur nächsten Flipchart oder Pinwand und sagen:
„Bevor ich Ihnen meinen Vorschlag präsentiere, möchte ich
eine kurze Ideenabfrage starten. Sonst besteht die Gefahr,
dass meine Einlassung bessere Einfälle unmöglich macht."
Starten Sie jetzt ein kurzes Brainstorming. Von allen Ideen,
die Sie jetzt genannt bekommen, suchen Sie sich die Beste
aus und behaupten, dass das genau das ist, was Sie auch
vorschlagen wollten.

Auf Zeit spielen: „Ich habe mir dazu sogar eine ganze
Anzahl von Notizen gemacht. Die habe ich allerdings in

meinem Schreibtisch gelassen. Ich kann sie aber gerne zur nächsten Sitzung mitbringen." Wenn Ihr Schreibtisch im Nebenzimmer steht, schlagen Sie vor, eine kurze Pause zu machen, in der Sie die Notizen holen wollen. Diese Pause muss aber lang genug sein, um einen Fachmann anzurufen oder sich auf eine andere Art die entsprechenden Informationen zu besorgen.

Small Talk in Kombination mit Angriffen

Wir sprechen hier nicht wie in einem der vorigen Kapitel von offenen Angriffen, Beleidigungen oder Provokationen, sondern von einer subtilen Form von Boshaftigkeit, die im Gewand eines Small Talks daherkommt. Sie sitzen zum Beispiel in einer gemütlichen Kaffeerunde oder stehen mit einem Glas Sekt oder Bier auf einer Party im Kreis, und ein belangloses Thema nach dem anderen lockert die Stimmung auf. Plötzlich taucht eine Frage auf und keiner weiß die Antwort. Möglicherweise noch kombiniert mit einem arglistigen Augenzwinkern sagt einer aus der Runde in Ihre Richtung: „Fragen wir doch Frau …, die weiß doch immer alles (besser)."

Jetzt können Sie beleidigt sein und das auch zeigen. Nur dann hat der Angreifer sein Ziel erreicht. Besser ist es, Sie beweisen Schlagfertigkeit: „Ich weiß auch diesmal alles besser. Ich weiß nämlich, dass es besser ist, wenn ich dazu nichts sage!"

Auf der gleichen Party treffen Sie einen alten Bekannten, der sich gleich zu Beginn des Gesprächs beliebt macht: „Mann, wir haben uns ja lange nicht gesehen. Du hast aber ganz schön zugelegt!" Leider können Sie das „Kompliment" nicht zurückgeben, denn der andere sieht beneidenswert schlank aus. Dann sehen Sie es locker und antworten: „Ja meine Frau (mein Mann) kann halt gar nicht genug von mir kriegen!"

Machen Sie nie den Fehler, dem anderen oder gar einer größeren Runde zu zeigen, dass Sie beleidigt sind. Das wirkt unsouverän und freut Ihren Peiniger. Trifft es Sie sehr, holen Sie zu einem moderaten Gegenschlag aus: „Also, Eines möchte ich wissen. Wenn das hier meine Freunde sind, wie sehen dann meine Feinde aus?"

Echten Angriffen begegnen

Noch etwas anderes ist es, wenn die Aggression des anderen echt ist, wenn er also wirklich wütend ist, und der Small Talk nur als „Verkleidung" für einen ernst gemeinten Angriff dient.

Richtig aufgebrachte Menschen sind durch das Stresshormon Adrenalin, das weite Bereiche des Großhirns ausschaltet, weitgehend Opfer ihrer Instinkte. Je größer die Aufregung und der Stress sind, desto geringer werden die Fähigkeiten zur vernünftigen Auseinandersetzung. In einem solchen Zustand sind auch die Erwartungen an das Verhalten des Gegenübers stärker instinktgeleitet. Diese instinktiven Erwartungen beschränken sich bei Aggressionen vor allem auf zwei Verhaltensmöglichkeiten: auf Angriff oder auf Flucht. Die generelle Empfehlung zum Konfliktmanagement mit aggressiven Personen lautet deshalb, sich gründlich anders zu verhalten, als das aggressive Gegenüber es erwartet.

Konkret bedeutet dies: Unterlassen Sie jede Art von Unterwerfung oder Entschuldigung und werden Sie insbesondere nicht selbst aggressiv oder wütend. Es bleiben Ihnen noch viele andere Reaktionsmöglichkeiten, die erheblich geeigneter sind:

a) Wechseln Sie das Thema, indem Sie einem anderen aus der Runde eine Frage stellen.

b) Tun Sie so, als hätten Sie den Angriff nicht verstanden, und stellen Sie dem Angreifer eine Frage zu einem anderen Thema.

c) Verlassen Sie wortlos, aber erhobenen Hauptes den Gesprächskreis.

d) Bedanken Sie sich für die „wertvolle Belehrung". Seien Sie sich dabei jedoch bewusst, dass aggressive Menschen nur sehr begrenzt mit Ironie umgehen können.

e) Wenn es irgendwie für Sie möglich ist, reagieren Sie mit Humor.

So zitiere ich gerne das Beispiel einer Stewardess, die auf etliche „Bemerkungen" ihrer Fluggäste auf eine Weise zu reagieren verstand, dass zumindest bei den anderen Passagieren die ein oder andere Cola vor Lachen auf der Hose oder auf dem Rock gelandet sein dürfte:

- Passagier: „Sie sind eine dumme Kuh."
  Stewardess: „Und Sie sind ein Gentleman. Aber es kann sein, dass wir uns beide geirrt haben."
- Passagier: „Sie haben aber einen süßen Hintern!"
  Stewardess: „Ja, aber im Gegensatz zu Ihnen sitzt er bei mir an der richtigen Stelle!"
- Passagier: „Seit wann bedienen auf Ihrer Linie Kühe?"
  Stewardess: „Seit wir Bauern befördern."

Negative Formulierungen im Small Talk vermeiden

Ein guter Small Talk sollte vor allem nett und angenehm sein. Erst an zweiter Stelle stehen Anforderungen wie Unterhaltsamkeit oder Witz, und ziemlich weit hinten kommt der Informationsgehalt. Doch wie schafft man es, stets ein angenehmer Small Talker zu sein?

Die schon beschriebene Nähe des Small Talks zu Klatsch und Tratsch zeigt, dass es schwierig sein kann, alles Schlechte aus der Unterhaltung herauszuhalten. In diesem Falle ist die Fähigkeit von Vorteil, auch schlechte Eigenschaften so zu formulieren, dass sowohl die Botschaft als auch der Sprecher einen positiven Eindruck machen.

So wird aus dem verbitterten Hinweis: „Mensch die Kinder der Familie M. haben gestern Abend wieder zwei Stunden lang randaliert. Ich glaube, die gehen über Tische und Bänke!" die viel nettere Botschaft: „Ich habe den Eindruck, dass die Kinder der Familie M. einen besonderen Bewegungsdrang haben. Jedenfalls dürfen die wohl wirklich ihren Gefühlen freien Lauf lassen."

Natürlich wird jeder mit der Gabe, etwas feiner zuzuhören, merken, dass die Botschaft in beiden Fällen die gleiche ist, aber im zweiten Falle ist sie viel netter und freundlicher verpackt.

Übungen

Verwandeln Sie folgende Bemerkungen derart, dass der ursprüngliche Sinn zumindest annähernd beibehalten wird, aber der gefühlsmäßige Eindruck deutlich angenehmer ist.

1. Im Zimmer unseres Sohns herrscht das reinste Chaos.
2. Haben Sie schon gehört, dass K. seine Prüfung immer noch nicht geschafft hat?
3. Die Benutzung dieses Spielplatzes ist für Kinder über sechs Jahren verboten.
4. Da hat der P. aber mal wieder vorschnell reagiert!
5. Hören Sie auch, wie das Ehepaar im obersten Stock sich ständig streitet?
6. Unser Hausmeister hat so eine belehrende Art!
7. Wenn das mit dem Klimawandel so weitergeht, müssen wir befürchten, dass ganze Teile der Erde demnächst unter Wasser stehen.
8. Ich kann diese Reklame im Fernsehen nicht mehr sehen!

9. Man merkt doch, dass er langsam alt wird!
10. Die Hosen, die der Mann trägt, sind ihm doch viel zu groß!
11. Wie der sich benimmt, das ist doch nicht normal!
12. Sag mal, hast du auch den Eindruck, dass der K. ein wenig begriffsstutzig ist?
13. Kein Wunder, dass er gescheitert ist. Der war doch völlig unfähig!
14. Die Ansprache war mal wieder völlig nichtssagend.
15. Der ist doch so dumm, der findet den Weg aus der Drehtür nicht!
16. Man merkt doch, dass der Junge Pubertätsstörungen hat!
17. Die Suppe war aber reichlich versalzen!
18. Der Mann von Frau M. ist ein richtiger Raser!
19. Der Kerl ist ganz schön durchtrieben!
20. Du bist einfach überempfindlich!

Lösungsvorschläge:

Zu 1: Unser Sohn pflegt eine kreative Unordnung.

Zu 2: Meines Wissens hat K. noch mindestens eine Prüfung vor sich.

Zu 3: Dieser Spielplatz steht allen Kindern bis sechs Jahren zur Verfügung.

Zu 4: Der P. ist eben sehr entscheidungsfreudig.

Zu 5: Das Ehepaar im obersten Stock scheint nicht immer einer Meinung zu sein.

Zu 6: Unser Hausmeister informiert wirklich jeden.

Zu 7: Wenn das mit dem Klimaschutz halbwegs klappt, brauchen wir hoffentlich an der Ostsee keine Deiche zu bauen.

Zu 8: Ich habe ja nichts gegen Verbraucherinformation, aber manchmal wird es etwas viel.

Zu 9: Er wird halt zunehmend reifer!

Zu 10: Die Hosen, die der Mann trägt, sind wirklich bequem geschnitten!

Zu 11: Er benimmt sich etwas außergewöhnlich.

Zu 12: Ich glaube, das ist nichts für den K., der ist eher praktisch begabt.

Zu 13: In dem Job war er einfach glücklos, er ist besser für etwas anderes geeignet.

Zu 14: Die Ansprache war nicht überladen und sehr leicht zu verstehen.

Zu 15: Nun er ist schon relativ intelligent, aber es klappt halt nicht immer.

Zu 16: Irgendwie hat der Junge noch Probleme mit dem Erwachsenwerden.

Zu 17: Die Suppe war aber kräftig gewürzt!

Zu 18: Der Mann von Frau M. schätzt offenbar eine zügige Fortbewegung!

Zu 19: Der ist pfiffig, das muss man ihm lassen!

Zu 20: Du bist eben sehr sensibel.